社会主义核心价值体系建设
"双百"出版工程

项 目

100位

新中国成立以来感动中国人物

林 秀 贞

刘家科/著

★

吉林文史出版社

《100位新中国成立以来感动中国人物》丛书

★ ★ ★ ★ ★

编 委 会

前 言

　　每个人的心中都多少有一点英雄情结，都向往英雄、景仰英雄。也正因此，在中华人民共和国建国六十周年之际，由中央十一部委联合组织开展的"100位为新中国成立作出突出贡献的英雄模范人物和100位新中国成立以来感动中国人物"的评选活动中，群众参与投票总数近一亿。这其中的每一张选票，都表达了人们对英雄模范的崇敬之情，寄托着对伟大祖国的美好祝福。

　　一个民族不能没有英雄，否则这个民族就不会强大。当国家危难之时，懦弱者选择了逃避、妥协甚至投降，英雄们却挺身而出，用热血捍卫民族的尊严，人民的幸福。在创立和建设新中国的伟大历程中，涌现出无数可歌可泣的英雄模范人物。他们之中，有为了民族独立和人民解放而英勇牺牲的革命先烈，有为了党和人民的事业而不懈奋斗的优秀共产党员，有在全民族抗战中顽强奋战、为国捐躯的爱国将士，有英勇杀敌的战斗英雄和革命群众，有积极从事进步活动的著名民主爱国人士和国际友人……他们是民族的脊梁、祖国的骄傲，是激励全体人民团结奋斗的精神力量。

　　《100位新中国成立以来感动中国人物》丛书，就像一部星光璀璨的英雄谱，真实、完整地记录了英雄模范人物不平凡的一生，再现了他们非凡的人格魅力和精神世界。舍身堵枪眼的黄继光，拼命也要拿下大油田的王进喜，中国原子弹之父邓稼先，新时期领导干部的楷模孔繁森……一串串闪光的名字，一个个动人的故事，犹如群星闪烁，光耀中华。

　　当今中国正处于伟大变革的时代，迫切需要涌现出一大批勇于承担历史使命、为祖国和人民奉献一切的先进人物。在"双百"人物崇高精神的引领下，在建设社会主义现代化国家的征程中，必将英雄辈出。

生平简介

　　林秀贞，女，汉族，中共党员。1946 年出生，河北省衡水市枣强县王常乡南臣赞村村民。

　　林秀贞视社会责任为己任，模范地践行了共产党员的先进性，大力弘扬中华民族传统美德。她三十年如一日，用爱心、细心、耐心、恒心以及艰辛克服了常人难以想象的各种困难，义务赡养了 6 位与自己无血缘关系的孤寡老人，用真情温暖社会，在精神和物质生活等各方面对 6 位老人给予了儿女般的照料和孝心。她学科技、学经济，带头创办个体企业，并把企业作为扶贫济困奉献社会的基础。多年来，她为 13 位残疾人传授了玻璃钢和橡胶生产技术，不但在自己的企业为他们安排就业岗位，上了各种保险，还帮助他们解决了婚姻、治病等许多生活困难。她热心社会公益，积极捐款为村里修路、打机井，支持文化娱乐队伍建设。她还关心乡村教育事业，出资 4 万多元改善乡村教育条件，还资助本村和邻村 20 名贫困家庭子女步入大中专院校，救治并收养了一名出生仅 40 天的患病弃婴。她还帮助多名困难群众走出困境，圆了他们的"家庭梦"、"求学梦"、"养老梦"、"就业梦"。她是中共十七大代表，被授予全国优秀共产党员、全国三八红旗手、中国十大杰出母亲等荣誉称号，被评为全国道德模范。

1946-

[LINXIUZHEN]

林秀贞

目 录 MULU

时代呼唤出来的典型人物（代序）

　　林秀贞，一位普通农民，2006 年被评为"感动中国十大人物"、2007 年被评为"全国道德模范"、当选为中共十七大代表，2009 年被评为"100 位建国以来感动中国人物"，2012 年又当选为十八大代表……一系列的荣誉都是因为她身为一个平凡的农民，却做出了感动中国的不凡事迹。

　　但是,林秀贞的事迹在 2001 年 7 月由河北省几家报纸首次登出之时，却有好多人半信半疑。

　　真有林秀贞这样的好人吗?

　　真有林秀贞这样的共产党员吗?

　　报纸上的宣传也太离谱了吧?

　　……

　　各种质疑、各种猜测、各种异样的目光都集中到河北省枣强县南臣赞这个偏僻的村庄。

　　从这年 7 月下旬开始，林秀贞陆续收到和接待了一些读者函询和来访。

　　迁西县的一位工人给林秀贞寄来一封信，他说，俺在《河北商报》上看到了你的事迹，俺很受感动。如果你收到这封信，就给俺回个信；如果你很忙也就不用写什么内容，只说你收到信了就行。你要方便，可以随时呼我的 BP 机，我会随时给你回电话。他在信的末尾留下了自己的 BP 机号码。看来他只是想证实是不是真有林秀贞这样一个人……

　　南宫市的一个农民给林秀贞寄来一封信，他在信中直截了当地说，俺看到了《河北日报》上登的你的事迹，不知道你为什么要做那些事，希望你给俺回个电话。他留下了自己邻居家的电话号码。很清楚，这个农民是想证实林秀贞是不是真的做过那些事情……

深泽县一位四十多岁的女农民，看了《河北日报》的消息之后，按捺不住自己的疑惑与好奇，乘 200 多里路的公共汽车来到枣强、景县、武邑三县交界的南臣赞村，一路打听找到林秀贞家。林秀贞热情接待了她，还请村支书和附近的乡亲们与这位客人见面。那天晚上林秀贞特意包了饺子招待这位远道而来的客人。这位异乡女农民明白了真相后又感动又羞愧：可臊死俺了，林大姐能做到的事，俺还不敢想，不敢信……

河南安阳的一个客户，与林秀贞联系比较多，了解林秀贞这个人，他在安阳到处宣传林秀贞的事迹，当地人都说他是瞎编的。为此，这个客户专程从安阳赶到南臣赞，跟林秀贞照了个合影带回去……

林秀贞的事迹，要是简单地说，就这么几句话：从 1976 年开始，她三十几年来为 6 位没有血缘关系的孤寡老人养老送终（因为她尽心竭力，照顾周到，看病及时，护理得方，其中有四个老人得以高寿而终：张振起 88 岁，朱书贵 86 岁，刘秀焕 84 岁，朱书常 81 岁）。资助 20 名贫困农民的孩子上学；安排 13 名残疾农民在自己办的小企业里上班；收养了 1 名被亲生母亲遗弃的重病婴儿。此外，她还做过大大小小难以统计的帮贫解困、救人危难的事情。而她在很长一段时间内一直拒绝新闻单位的采访，不同意报道她的事迹。她一直在默默地做着。

2005 年，笔者发现了这个人物，用了一个月的时间、九次采访了林秀贞，写出一篇名为《普通党员—林秀贞采访手记》的长篇报告文学。作品发表后，引起了中央组织部、中央宣传部的重视，中宣部组织全国几十家媒体近百名记者前来采访。至此，林秀贞的名字一下子传遍了大江南北、千家万户。

成长之路

→ 仁义之母

★★★★★

　　林秀贞的父亲是枣强县林吉利村人，1912 年生。1924 年，父亲 12 岁时，一个人背个行李卷去天津谋生，在一家织地毯的私人作坊当学徒。解放后公私合营，父亲也跟着进了工厂。父亲常年在天津，母亲就常年住娘家，娘家就是南臣赞村。按照当地风俗，父亲像是倒插门的女婿，但是做倒插门女婿，要经过规定的仪式，才能被正式接纳为本家人。林秀贞的父亲没有经过这种仪式的认可，而母亲也只能算在娘家借住，所以母亲要生孩子必须离开娘家。因为根据当地风俗，闺女在娘家生产，将会带来血光之灾。

　　林秀贞说，俺姥姥告诉俺，俺娘是在村南场园屋里生的俺。那是个冬天，俺娘抱着被褥，裹着棉袄，外边套着俺舅的一个大棉袍子，到村南那个场园屋里生俺。9 年后有俺弟弟，也是一个冬天，11 月份，俺娘又到村东俺姥姥家的一个大车棚里生产。那次是俺

◁ 秀贞出生时用过的场屋

姨陪着去的，俺娘也是穿着俺舅的一个大皮袄，头上还顶着一个棉袄，嘴里咬着一个毛巾。俺娘特别仁义，宁肯自己受罪冒风险，也不肯让别人说不是。

➡ 三指教子

★★★★★

娘生孩子受罪，养孩子受累，教育孩子更是费尽心血。娘在教育自己的孩子时，有个习惯动作：老是伸出左手的三个手指。那三个手指是食指、中指、无名指。三个手指分开以后，食指和无名指都朝外歪着撇着，只有中指是正正直直的。娘总是说，你们看着，人生就这三条道，这边的歪道不能走，那边的偏道也不能走，只能走中间这条又正又直的道。

娘最怕自己的孩子走歪道。她说打小就得从孩子心里把歪道给堵死。1950 年冬天，那会儿刚解放，秀贞不满 5 岁。枣强县法院在南臣赞村西大洼里枪毙人。那天早饭后，母亲问秀贞，妮，你敢看枪毙人的吗? 秀贞说，有点怕。娘说，你别怕，娘领着你去。秀贞说，行，有娘领着俺就什么也不怕。村西大洼里人真多，三里五庄的都来了，像赶大集一样。娘领着秀贞挤到一个土岗上，把秀贞抱起来。秀贞清清楚楚地看见了那个死刑犯人。脖子里插着亡命牌子，背着人群双腿跪在地下。那个端着步枪的兵真笨，连打三枪都没有打到致命的地方。犯人没有死，最后还是另外一个兵上去又攮了两刺刀才攮死。

回家的路上秀贞脑子里老是那个杀人的场面。娘说，妮，这个犯人是杀人犯，他杀死了自己的母亲，还把尸体放到铁锅里煮。是他舅给碰上了，一掀铁锅看见了他娘的小脚。这才告发了他。娘还领秀贞去看大街上贴的布告，她说布告里说得明白，这个死刑犯王建国的娘对自己的儿子从小惯着，小偷小摸也不教育，最后长成盗窃犯，到那会儿她娘想管又管不了了，娘一怒之下，要去政府告发自己的儿子。这个丧尽天良的王建国就杀人灭口，把自己的娘杀了。秀贞娘说，妮啊，人要是走上歪道就走进死胡同里去了。

➡ 不能走偏道

★★★★☆

娘既怕孩子走歪道，又怕孩子走偏道。娘说走歪道毁人命，走偏道毁前程。她经常教育秀贞，咱不能欺负别人，也不能叫别人欺负。要堂堂正正做人。欺负别人是孬种，让人欺负是熊种。秀贞跟娘在姥姥门上落户，等于是闺女支撑门户。刚解放那会儿妇女没地位，姥姥家附近有个横不讲理的人想把秀贞娘给挤走，不让她们继承姥姥的遗产。1951年冬天事情闹大了，娘一纸状子将欺负她们的人告上法庭。

开庭那天晚上，娘跟秀贞说，妮，跟娘去上法庭。那时秀贞才6岁。穿着蓝地白花的棉袍子，一只手牵着娘，一只手打着纸糊的灯笼在前边走。在秀贞的印象中，法庭非常庄严，法官很威风，一身正气，旁听的群众都不说话，只有娘不慌不忙大大方方地说话。官司打赢了，旁听的妇女们都围住娘说这说那，像是娘也为她们争了理，出了气。

娘对秀贞说，妮，现在是新社会，大事得依靠政府，有理也不能做违法的事，不能走偏道。娘说，大道是做人的根儿，小道是做事的法儿。大道不能偏，小道也不能偏，偏了你就办不成事。什么事都得依理，谁有理听谁的，可是讲理又要看对谁，什么事都有个个别。娘给秀贞总结过"三个不能一样"：不能跟小孩子一样，不能跟老人一样，不能跟傻子一样。娘说，跟他们你就不能死板地论常理儿。跟他们一样你就错了。娘从没有打骂过孩子，可是她们都怕娘。只要看见娘脸色不好看，姊妹几个就互相递个眼色，各自检查是不是有做错事的地方。要是实在找不出该向娘认错的事来，她们就偷偷溜出去拾柴火。等到一人拾一抱柴火回来，娘脸上就有了笑模样。

➡ 从小事做起

★★★★★

娘是在苦水里泡大的。因为家里穷，13岁就出嫁了。爹比娘大10岁。爹也是苦命人，12岁的时候就一个人背个小铺盖出去谋生。爹不在家，家里的担子全落在娘身上。是共产党救了她们一家，1946年土改分了房子、分了地，才有了做人的权利。娘说，什么是正道，跟着共产党就是正道。给社会做贡献就是正道。可是话又说回来，一个普通庄户人家凭什么给社会做贡献，还不是从身边一点一点的小事做吗！

她们家就是长篇小说《平原枪声》里说的那个地方，娘年轻时就是妇女抗日救国会的会员，她上过抗日识字班，给游击队做军鞋、救伤员，做过不少事。秀贞小时候经常听娘讲抗日英雄的故事。娘说咱不是英雄，做不了大事，咱能做小事。在秀贞六七岁时，娘做过的事她到现在还记得很清楚。

那年春天，是个傍黑的时候，娘锄地回来，遇见一个走迷了路的弱智孩子在村边场院的麦秸垛边睡着了，娘把他领回家，给他洗了澡，换上干净的衣服，做了饭让他吃。第二天放下自家的农活，串了好几个村才找到孩子的家长。秀贞7岁那年的冬天，一个赶脚的人把车坏在了村边的路上，天黑了，下着大雪，娘求几个乡亲帮人家修好车，还给人家送去热乎乎的稀饭和干粮。

➡ 锻炼成长

★★★★★

秀贞10岁那年，娘把家里盛钱的那个小铁盒托在手里说，贞啊，你爹一个月挣30块钱，他每月寄给咱们15块，这15块钱，娘只花两块。一块钱买灯油，一块钱买盐。剩下13块就供你姊妹上学。你一定要好好学习，长大成材好报效国家啊！秀贞没辜负娘的期望，从小学到初中一直是班级里最拔尖的学生。

秀贞12岁那年，有一次村里有人偷了她家的洗脸盆，她对偷盗行为深恶痛绝，实在忍不住就到大街上去骂。娘及时劝阻了她。娘耐心地说，有理也不能骂街，俗话说"千千治家，万万治邻"，意思是什么？就是要用一千份的力量治理家庭，要用一万份的力量处理邻里关系、亲友关系和其他各个方面的关系。要懂得关心和爱护别人。对乡亲要宽容，要帮助，要团结，要和气。秀贞把娘的话牢牢记在心上。自此以后，她逐渐学会了用多种方式处理邻里关系，尽自己的所能去帮助亲友。

秀贞13岁的时候，生活困难。秀贞的姨在天津城里上班，整天饿得受不了。娘说，咱在乡下吃点糠菜能顶过去，在大城市里除了那几两粮食没有别的贴补头。贞啊，我想从牙缝里挤出点粮食帮帮你姨，可是这么远的路途也没法送啊！秀贞说，娘别发愁，俺一个星期去一趟天津，给俺姨送干粮。娘拍着秀贞的肩膀说，俺贞是好闺女。于是，13岁的小秀贞腰里缠着娘缝得细长细长的粮袋，经常往返于龙华到天津的火车上。

秀贞18岁时，村里安排她到小学去代课，秀贞很高兴。娘说，贞啊，光高兴不行，要知道当老师不容易哩。娘说，乡下有两种先生，一种是算账的先生，一种是教书的先生，先生就不同于一般人。算账的先生文明，稳当，认真，办事不能出差错；教书的先生是热心，耐心，关心，孩子们也是百人百姓百脾气，有什么事都要给他们讲清道理，不能打，不能骂。还有更重要的，就是先生要做出好样子来，学生才能跟着学呀。

秀贞到学校以后教书特别认真，对

△ 林秀贞的初中毕业证书

学生既严格要求，又耐心教育。那时村里条件差，学生兄弟姊妹多，有的穿着破衣烂衫，有的光着脚去上学。书包坏了，扣子掉了，衣服开线了，磨出窟窿了，她都及时给孩子缝上、补上。她天天带着针线包。晚上还在家里给没鞋的孩子做鞋。小孩子有个头疼脑热的，她背起来就去卫生院。秀贞赢得了学生和家长们的一致称赞。

→ 唯一的遗憾

★★★★★

　　秀贞23岁的时候，向党支部递交了入党志愿书。两年以后的1971年10月25日，秀贞站在鲜红的党旗下宣誓，成为一名共产党员。娘说，贞啊，娘不是党员，不懂党内的规矩，娘教不了你。你可要好好学习，跟党走可一步也不能错。秀贞听娘的话，她牢记着入党誓言，她把那本《党章》背得滚瓜烂熟。此后，党中央每修改一次《党章》，秀贞的第一件事就是把新《党章》背过。

　　秀贞24岁时在县宣传队里任副队长，工作非常出色，其间有四次转正的机会，都是在填了审批表后，体检时因左眼失明被刷了下来。秀贞为此神情沮丧。娘耐心开导秀贞，帮助她度过这一段非常时期。同时，娘又积极鼓励她在农村干一辈子，并且干出个样子来。秀贞懂得了娘说的"三百六十行，行行出状元"的道理，暗暗下定决心，当一个好农民、好党员。

秀贞30岁那年冬天，她想把村里两个孤寡老人养起来，娘说，贞，娘赞成，娘帮着你看孩子伺候老人。咱让孤寡老人有个幸福的晚年，又给生产队减少照顾五保户的负担，这事值。秀贞去照顾孤寡老人，娘就把家里的活全承担起来。娘说，你和金英在外边伺候老人，像打仗一样那是前方，娘在家做你的大后方。她不光自己尽力支持秀贞，还动员全家的力量支持她。

△ 1970年1月在枣强县参加表彰大会时臣赞公社模范教师合影，后排右一为林秀贞

秀贞的丈夫朱金英是南臣赞人，公公朱立栋一生勤劳善良（1940年由区长杜平介绍入党，是中共党员，曾任本村第二任党支部书记，与朱书贵一块为老百姓的安危秘密做了很多工作），婆婆史秀平心灵手巧，因织布手艺高而被乡亲称为黄道婆（她不但纺织技术好，还和刘金柱号召全村老少姊妹们做军鞋，曾多次受到区上的点名表扬，表扬她们俩军鞋做的又结实又好看，数量又多）。朱金英一家人都支持秀贞赡养孤寡老人。

爹在天津退休后，又被人雇去教徒弟，娘让爹回来，帮秀贞伺候孤寡老人；哥哥刘丙全（给大舅过继，随舅姓刘）退休后娘也让他从天津回来帮着伺候孤寡老人。她还教育孙子辈的孩子们都去关心那些孤寡老人，都来帮秀贞。秀贞的儿子朱新宇、女儿朱

◁ 1969年林秀贞在工作宣传队

宝琴从小就学会了照顾老人，放学回家
先到孤寡老人的屋里，倒水、喂药、擦
桌子、扫地。早晨帮老人洗脸梳头，晚
上给老人擦身洗脚。两个孩子为老人
洗脚都特别仔细，每次都把老人脚丫里
的泥抠净，把脚后跟的皴刮干净。儿子
朱新宇 1996 年参加工作，女儿朱宝琴
1997 年参加工作，两人都把第一个月
的工资给几位孤寡老人买了水果和营养
品。在娘的引导下，秀贞的家真就成了
大后方。

　　秀贞说她这大半辈子没有什么遗
憾，只有一件事说起来就伤心。娘临死
的时候，那些孤寡老人离不开秀贞，这
边娘随时都可能咽气，那边她赡养的朱淑芬老人又病情危急。
娘这边有几个姊妹照管，可她那边没有一个人管，秀贞只得忍
痛放下娘去照顾朱淑芬，可是等秀贞把朱淑芬安顿好再回到
自己家，娘已经咽气了。

　　这是秀贞一生最对不住娘的地方。当时秀贞跪倒在娘的
床前哭得昏厥过去。秀贞说，仔细想想，俺们也真的孝敬俺
娘了。娘在床上瘫痪 40 天，身上一点褥疮也没生，姊妹几个
两人轮班倒替换，一个在娘身子里边，一个在娘身子外边，
对着脸跪着，四只手托着娘的胯，一天到晚不让娘的身子着
褥子。娘说她这一辈子养的孩子都争气，她放心，可是孙子
辈重孙辈将来怎么样，是她放心不下的事。哥哥说娘临死时
一直伸着那三个手指不放下，秀贞明白，是她老人家要求俺
们一辈一辈都走正道，都做对社会有用的人。

开弓没有回头箭

……持和帮助林秀贞赡养孤寡老人事迹的团队部分人员合影

2010.0

第一步

秀贞开始下决心赡养孤寡老人是在 1976 年冬天。这年秀贞 30 岁，结婚刚三年。

1976 年是多灾之年。唐山大地震余波退后，已持续百天的大旱仍不见有半点要收场的兆头。地里收成不好，口粮困难，又没柴烧，还加上缺水。吃水的砖井天天见底。人们每天起五更到井上抢水，去晚了就只有泥汤子了。一般人家吃水困难，孤寡老人就更难。

朱书贵和刘秀焕两口子，一个 78 岁，一个 76 岁，无儿无女，老五保户。生产队派的挑水人挑的供不上吃，老两口就抬着瓦罐到村外土井里淘水；没烧的，两个人到沟旁河沿去拾柴火，老头背个草筐，提根枣树条子，老婆扛个竹笆，把别人搂过多遍的草丛再用枣树条子打一遍，用竹笆收起一点点草沫沫装进筐里。这样的柴火很难烧开铁锅里的饭，更舍不得用它烧炕取暖。

这年的冬天格外冷，那天中午东北风像刀子一样刮脸，秀贞包了两碗饺子去看望老人。一进门见两个老人一人端着一只碗正往嘴里扒拉早晨的剩饭，秀贞掀开锅一看，那锅底的剩饭周遭还结着冰碴儿。根本就没舍得烧火热一热。那会儿，秀贞的眼泪一下子就掉下来了。回来以后她就跟丈夫朱金英商量，准备把两个老人养起来。

秀贞想，朱书贵是抗战时入党的老党员，那时候人家出生入死为咱老百姓，现在老了，咱不能眼看着他受苦。跟娘一说，娘一口地赞成。娘说，闹鬼子那阵儿，人家朱书贵和你公公挨家敲门，冒着生命危险组织群众撤退；成社以后，人家每天按点敲牌子，安排社员下地干活；人家当了几十年的生产队保管，都说人家是个好管家。朱书贵可是个功臣。人家老两口子又特别仁义，村里没有一个说不好的。这样的人咱不能不管。跟爹一说，爹也是毫不含糊。爹说，贞呀，就该这么做，要是缺钱就到爹这里来拿。有丈夫和父母的支持，秀贞最后下了决心。那天秀贞两口子一宿没睡，把一切困难都估计到了。

第二天一早，秀贞找到生产队长，让他批准自己的请求。

△ 1976年30岁时的林秀贞

生产队长是个明白人，他说，秀贞啊，你刚 30 岁，年轻人脑子一热容易办过头事，咱丑话可得说在前头，到困难时候可不能给退回来。秀贞说，开弓没有回头箭，三舅，你放心吧。按姥姥家的辈分，秀贞该叫队长三舅。

→ 后 怕

★★★★★

接过两个老人，秀贞办了四件事。一是上集买了 600 斤煤，给老人生了个煤火炉。那时候秀贞家也没舍得生煤炉子。煤也是借钱买的。秀贞那时想，就是头拱地也不能让老人冻着。二是给老人买了一个炉子上用的钢种锅，做饭就不用再烧锅头了。老人愿做时就做，不愿做就在秀贞家一块吃。有什么不舒服的时候，秀贞就一天三顿送饭。三是秀贞家负责给老人挑水，每天先挑老人的再挑自己的。四是给老人修房子。老人吃的喝的解决了，住的还有问题，他家的三间坯房破得够呛，墙皮都掉了，房山也塌了半截，房顶露着天，房西滴塌了半边，要是大雨带着西北风，非给冲垮了不可。修房需要钱，又需要劳力，秀贞家没钱也缺少劳力，那怎么办呢? 她和丈夫一商量，有了办法。秀贞跟丈夫到处去拾砖头子，拣酒瓶子，两口子推土和泥，自己动手给老人修房。丈夫当大工，秀贞当小工。在墙半腰搭起木板，把和好的泥倒两次倒到房山上去。把拣来的那一大堆酒瓶子一个挨一个地横栽进西滴墙上，让西滴成了个玻璃滴；房顶修补之后又上了厚厚

△ 林秀贞赡养的第一对孤寡老人朱书贵、刘秀焕夫妇曾住过的土坯房

的一层麦秸泥；前后檐子也全部修补好。几天工夫把房子修好了，两个"泥人"也累倒了。

此后九年的时间里，秀贞两口子每年雨季到来之前都把老人的房子修一遍。下雨时秀贞就拉着丈夫往外跑，围着老人的房子一匝一匝地转；过年过节，别人家都团聚的时候，秀贞就和丈夫带着白面，到朱书贵家打扫卫生，一块包饺子；每到春冬季节，依照老人的习惯，秀贞就到集市上买羊肉给他们解馋、贴补身子；两个老人都胃寒，秀贞就想方设法托人买红糖，供老人喝红糖水。老人吃的喝的住的都妥当了，身体好了，精神也好了。

两位老人年轻时乐于助人，但从不给别人添麻烦。进入老年后，两人有一个秘密协议：都能自理时就相依为命，互相照顾；其中一人不能自理时，另一个人伺候；两个人都不能自理时，就每人一瓶安眠药，落个同年同月同日死。绝不自己受罪还牵累别人。他们把窗台的砖掀开一块，在底下挖个小洞，把两瓶安眠药放进去，然后把砖盖上。以备随时取用。伺候他们四年后，这个秘密暴露给秀贞，同时交出了藏在窗台砖下的两瓶安眠药。刘秀焕说："俺可不发那个傻了，这么好的日子，俺还得再活 20 年。"

此时秀贞想，当年亏得她赡养了两位老人，不然，会让她后悔一辈子。秀贞说，俺虽为老人受了不少苦，可看着老人幸福地活着，心里格外踏实。两个老人有福，俺接过来后又活了 9 个年头，朱书贵活到 86 岁，刘秀焕活到 84 岁。在俺村里，这算是少有的高寿了。

➔ 合在一块的热泪

★★★★★

老人没躺在炕上时，伺候人的晚辈再苦再累也好说。要是一下子病倒在炕上，那可就真难了。1984 年 10 月，86 岁的朱书贵不小心摔了一跤，从此老人就躺在炕上了。84 岁的刘秀焕见老伴病倒心里着急，没几天也病倒在炕上。

老人家住北房的西里间，这间屋虽小，倒是有条炕和拐炕，朱书贵躺在条炕上，刘秀焕躺在拐炕上，一顶一横躺着两个病人，真把秀贞愁住了。这个要吃饭，那个要喝水，这个要解大便，那个要解小便，这个该吃药了，那个该换褥子了。顾了东顾不了西。

为了把老人伺候好，秀贞拉着丈夫抱着铺盖住到老人家的小屋里。日夜不离这个地方。条炕和拐炕都太窄，躺不下两个人，她就和丈夫找来两块木板。秀贞傍块木板和刘秀焕一块睡，丈夫傍块木板和朱书贵一块睡。就这样，都还有伺候不到的时候。

　　老人要撒尿，秀贞赶紧帮老人欠起身子，放上便盆等着，等了烧顿饭的工夫也尿不下来，刚撒了便盆，就尿下来

△ 林秀贞曾经每天给朱书贵、刘秀焕老人挑水的土井

了，褥子湿了一大片。刘秀焕老人特别仁义，怕麻烦人，后来想解手时就憋着，想等到憋不住的时候再说话，省得放上便盆让秀贞老等着，可是往往控制不好，还没等放上便盆就尿在被窝里。

有一回秀贞估摸朱书贵老人该大便了，几次问他，他总是摇头，秀贞闻着屋子里有臭味，就伸手去掀他的被子，老人紧紧抓住被角不让看。秀贞说，既然俺来伺候你，就当俺是你的亲闺女，自家的闺女还有什么不好意思的？老人含着眼泪松开手。秀贞一看老人真的拉到被窝里，赶忙给老人清理大便，撤换被褥，擦洗身子。躺在拐炕的刘秀焕不停地念叨，可苦了你了，好闺女，你这样伺候俺们什么时候是个头啊！

秀贞耐心劝她，谁都有老的时候，甭看你没儿没女，俺得让你们跟有儿有女一个样。老人流着眼泪说，闺女呀，俺这辈子无法报答你了，下辈子俺托生个小鸡也得给你下蛋。老头也激动了，俺下辈子托生个老牛也得给你耕地。秀贞上去抱住刘秀焕老人，她的眼泪和老人的眼泪合在一块，在她脸上的皱纹里淌下来，老人的枕头湿了一片。

→ 七十四个日日夜夜

★★★★★

从秀贞和丈夫住到老人家里，到他们相继去世，一共是 74 天。在这 74 个日日夜夜里，秀贞没有脱过衣裳，没有睡过一个囫囵觉。一天到晚心里装的全是两个老人的事，就是有点空儿也睡不着。有时秀贞出去办点事，怕丈夫粗心，就把两个老人喂水、喂药、解大小便的时间写在一个本子上交给丈夫，再三嘱咐才出门。秀贞刚一出老人大门，走着路就打起瞌睡。有一回去茅房解手，她刚蹲下就睡着了。

在74天的时间里，秀贞为伺候老人绞尽了脑汁，想了很多办法，尽力让老人少受罪。比方说给老人垫褯子。褯子要大，褯子大了就不容易拉到被褥上；褯子要厚，褯子厚了就不容易透到被褥上；褯子要多，褯子多了可以勤换，免得老人湿着身子。娘帮秀贞做了几十个褯子，秀贞就一个劲地给老人换褯子、拆褯子、洗褯子、晒褯子。每天老人那个小院里，横一溜儿竖一溜儿全是晒的褯子。

那些天，有三最。最缺的是水，洗大量的褯子要大量的水，可是水特别紧缺，那时候没有深井，只有砖井和土井。砖井和土井长一宿长出一点水，天没亮就有那么多人排着队淘水。秀贞和丈夫每天早起去淘水。抢来的那点儿泥汤汤，舍不得吃舍不得洗脸，但是必须得洗褯子；最怕的是阴天，一阴天拆洗的褯子晒不干，老人就没换的，实在没办法了，秀贞就炒沙土，用热沙土把褯子吸干；最苦的是洗褯子，大便钻到布丝里，不仔细搓不出来，洗不净老人垫着不舒服。寒冬腊月天天用凉水洗褯子，双手皴得全是血口子。平时手就疼得厉害，还得天天碰凉水。秀贞从来不怕困难，她说苦和累俺都不怕，就怕老人受罪。

进入第三十天的时候，也就是那年的阴历十一月十五，朱书贵老人去世了。秀贞忍着悲痛，一边宽慰伺候刘秀焕，一边紧张地料理丧事。村干部都说老人的丧事应当从简，在他生前你能做到的都做了，死后孬好他都觉不着了。秀贞还是坚持自己的意见，按照当地风俗发丧，因为她早已承诺过，要让孤寡老人跟有儿有女的老人一样，活着时让他们幸福，死了也让他们像有儿有女的那么风光。

有人说她哪里能做到完全一样？人家老人发丧都有儿子打幡摔瓦，她能做到吗？人们都认为这是天大的难事，其实这个事在老人病重期间秀贞已经与丈夫商量好了，给老人发丧，由丈夫充当孝子，打幡摔瓦，自己也戴孝为老人送殡。秀贞知道打幡摔瓦对死人来说一点用也没有，可是对活着的刘秀焕却是极大的安慰，同时她也想让村里人都看看，孤寡老人也是堂堂正正的人，别人能享受的他们完全能享受。

进入第七十三天，也就是阴历腊月二十八，刘秀焕老人也去世了。秀贞又像给朱书贵老人发丧那样，给刘秀焕办了丧事，仍旧是丈夫打幡摔瓦，她领着孩子们送殡。那天出完殡回来，天已黑了。秀贞按乡俗请乡亲们吃了一顿饭。乡亲们走后，一家人开始拾掇残局。等一切收拾停当，天已经大亮了，第七十四天结束了。第七十五天是腊月三十，村子里家家都在欢欢喜喜过新年，可秀贞一家人都还沉浸在悲痛中，过年的东西一点也没准备。

△ 朱书贵、刘秀焕逝世二十多年后的宅房

三十一年情未了

➡ 队长同意了

★★★★★

1981 年春天，南臣赞村开始实行大包干。生产队的地一块一块都分到每户的名下。紧接着队里又操持分牲口。这天下午，生产队的 11 头牲口、从五间牲口棚拆下的木料都画了记号，每家派一个代表抓阄。当人们牵着抓到的牲口或抬着分到手的木料和农具各奔东西之后，原来多年火爆热闹的地方顿时一片凄凉。五保户、呆傻老人朱书常傻愣愣地目送人们各自回家后，独自蹲在牲口棚的房杈子里掉眼泪。秀贞把这一切都看在眼里。当时她一阵心酸，生产队散了，五保户朱书常谁管？

朱书常是个苦命人，父亲双眼瞎，母亲心眼不全，两个残疾生了个呆傻儿子。他父母不能下地劳动，只得互相帮扶着以卖杂货为生。父亲看不见，母亲不识数，卖炒花生用的一杆秤，上边刻着几道錾口，一个錾口一毛钱，两个錾口两毛钱，有零头的不卖。朱书常整天跟在父母身后，呆呆傻傻的什么也不会。朱书常 28 岁时，父母相继去世，他便继承父母成了最年轻的五保户。

现在朱书常一个人过日子，饿了就捧一捧玉米到碾子上轧一轧，煮碗玉米粥算事。吃一顿轧一顿。人又黑又瘦，刮风就倒。这天，分完东西回到家，想到

△ 林秀贞全家同智障老人朱书常一起吃饭

朱书常那样子，秀贞和丈夫一夜没有睡。第二天早晨，秀贞去找生产队队长，说了要义务赡养朱书常的想法。队长说，秀贞，五年前你收养的两个孤寡老人，跟着你可真享福了，村里人没有不夸不赞的。朱书贵和刘秀焕都是正常人，朱书常可是个傻子啊，平常是傻，赶到事上还疯，你能管得了他？再说你看他赖成这个样子，恐怕活不了两年，要死在你手里可是个麻烦事呀！秀贞把咋天夜里跟丈夫商量这件事的过程向队长汇报一遍，队长再也没说什么就同意了。

⊙→ 教不会的年龄

★★★★★

朱书常 50 岁时只有 3 岁的记忆。凡是有人问他多大岁数，他就回答 8 个字 :"属羊的，跟保印同岁。"凡是有人问他家里有什么人，他就回答 15 个字 :"俺姥姥家是木客，俺老姥姥家是良党。"这是朱书常 3 岁时他娘教给他的。3 岁以后的事他什么也记不住。这年春节后，秀贞反复教他 :"别人问你多大，你就说 75 岁。"可这个 75 岁到如今也没记住。再问他，还是那句话 :"属羊的，跟保印同岁。"你说他傻吧，可是他

△ 林秀贞在劝说发脾气的智障老人朱书常

精一个事，就是每年过年时，他都忙活着请家堂。

这年夏天，秀贞看朱书常家的破房子快倒了，怕下大雨出危险，就把他接到家住，秀贞和丈夫住西里间，他住东里间，一日三餐同桌吃饭，这样秀贞照顾着方便，朱书常也舒坦一些。想不到的是，一进腊月他就闹着要搬回家去。当时他那房子已经塌了一半，怎么能住人呀？朱书常得不到允许，就每天到自家房衩子里坐着，吃饭时把他拽回来，吃了饭他又去。秀贞明白了，朱书常是看着要过年了，快到请家堂的时候了。他着急呀。秀贞和丈夫商量，得赶紧给朱书常盖房子。

→ 顺者为孝

★★★★★

秀贞家房前有一块空地，1996 年给朱书常盖了三间房。腊月二十二，房子盖好了，一说让他住，他大闹了一场。不吃不喝，又到他家破房衩子里去坐着。没有办法，秀贞临时决定马上给他翻盖旧房。她和丈夫从王常大集买来木料门窗，买来砖瓦石灰，雇了一个小建筑队就干起来了。朱书常一看拆他的房子，立刻就发疯，他拾起一块半头砖就撵秀贞，秀贞扭头就跑，几个男人抱住他，他还是把砖抛出来，差一点打在秀贞脑门上。他这一砖砸犯了秀贞的心脏病，摔倒在地上半天才缓过劲儿来。

朱书常把他 3 岁时印在脑子里的"家"看作神圣不可侵犯的东西，秀贞看他不让拆，就改了方案，在原来旧房架子上修补。朱书常在现场盯着，买的新屋门他不让换，新买的玻璃窗也不让安，房顶只让上大泥不让铺砖。秀贞只好让建筑队把裂了大缝的破门和十三棂子窗户再给他安上，房顶偷偷铺了一层油毡，上了一遍厚厚的麦秸泥。腊月二十六旧房修好了。秀贞和大哥又给他盘火炕、烧屋子，大年三十他搬进去，秀贞又帮他请了家堂。朱书常这才高兴起来。秀贞说，朱书常拿砖撒我，我不恨他，他傻，俺娘说过，不能跟傻人一样。朱书常发别，俺不但不烦他，俺还顺着他，顺者为孝嘛。

➡ 谁也不能欺负他

★★★★★

当时那么赖的朱书常，多少年过去了，不但没有死，而且越来越壮实了。那年秀贞的姨死了，秀贞用大车拉着家里人去吊孝，给朱书常留着车尾巴，他就是不上车。五里路，他一直下步走，大车到了，他也到了。不少人说，一个呆傻人，秀贞能待他这样，已经够了

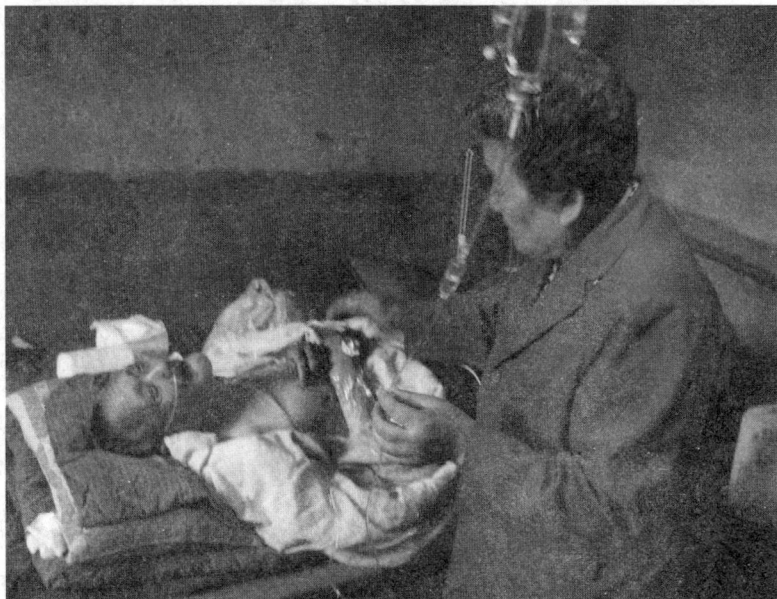

△ 林秀贞给病中的朱书常输液

一百二了。可是秀贞并不满足于做朱书常的赡养人，她说俺还要做他的监护人，因为他是傻子，他不能被别人歧视，更不能被别人欺负。

秀贞首先引导全家人尊重朱书常老人。按乡亲辈朱书常是爷爷，秀贞就一口一个常爷爷叫他。家里其他人也都按辈分称呼他。他一般时候在秀贞家吃饭。只要是他在，秀贞家第一碗饭一定是朱书常的，只要喝酒，第一杯酒就是朱书常的。后来，秀贞家办了厂子，工人们吃饭喝酒，只要朱书常在场，第一碗饭、第一杯酒也是朱书常的。秀贞说，我尊重朱书常老人，职工们自然跟我学。甭看他傻，被别人尊重的时候，他像是也能装出一点老人的尊严。

朱书常吃饱喝足以后，就到街上去玩。村里人都知道秀贞尊重朱书常，也都不好意思欺负他。但是总有人爱逗傻子，朱书常也怪，他看着顺眼的人，怎么逗他都不恼，看着不顺眼的人，一个不顺劲，他就恼，就发疯。一般人见他发疯，就悄没声地躲开了。可也有个别人跟他较劲。秀贞凡是听说朱书常得罪了谁，就去给人家赔个不是，同时也说给人家今后别跟傻子一般见识。

有一回后街二和尚出殡，满街筒子看出殡的人，这样的事少不了朱书常。秀贞有点放心不下，正想过去看看，有一个孩子来给她报信，说有一个人正在打朱书常。秀贞一听放开脚步就跑，那人正把朱书常按在地上用拳打。秀贞站在那里，大吼一声："你再打他，俺就和你拼命！"那个打朱书常的人一惊，站起来就往后倒退，后边正好是新垫的宅子，他倒退几步就滚到坡下边去了。看出殡的人不看出殡了，都围到这边来看热闹。秀贞趁势向人们大声说："往后谁敢再欺负朱书常，俺就跟他算账！"

➡ 此时他不傻

★★★★★

你说怪不怪，就这样一个呆傻老头子，秀贞在石家庄上班的儿媳妇，特别疼他。一个大城市长大的女大学生，能有这份感情着实让秀贞高兴。只要儿媳从石家庄回来，朱书常就说一句话："你还来呀？"儿媳就笑着迎过去，搂着他的肩膀推着他到里屋，给他剥橘子，拿糖块。这时的朱书常比平时乖多了。叫吃什么吃什么，特别听话。平时朱书常最听秀贞大哥的话，他闹脾气的时候，只要大哥在家就好办。大哥过去搂着他的肩膀，凑他耳朵上悄悄说点什么，他就乖乖跟着大哥走。

秀贞说："仔细想想，朱书常还是跟俺感情最深。2004

△ 儿媳冯云从石家庄回来给朱书常老人买来好吃的东西

年正月二十六，俺闹美尼尔氏综合征，躺到床上十天没动窝。从二十六那天起，朱书常每天吃完饭就搬着那个小凳子在俺外间门口坐着，只是呆呆地坐着，什么话也没有，俺病了十天，他坐了十天。等俺病好了，他又照常到街上去玩了。后来俺问他：'那些天你老坐在那里干什么？'他说：'俺怕你好不了。'听他说出一句明白话，俺掉泪了。"

→ 寿终正寝

★★★★★

2005 年 4 月 10 日下午我在林秀贞简陋的厂办公室里采访。秀贞从天津回家探亲的大哥刘丙全也在场。中间有人说呆傻老人朱书常正在大门外边玩。秀贞就让哥哥去把朱书常领进来让我看看。大哥出去随着就把他领进来了，准确点说不是领，是右手搂着他的脖子，左手抓着他的胳膊进来的。

朱书常中溜个儿，偏瘦，脸色黑黑的。眼睛不看人。他用眼角瞥到我在一边坐着，马上翻出白眼珠，看样子要发作。我转过脸去，装作没注意他。大哥也随即从烟盒里抽出一支烟递给他，给他点上，他才安静下来。我知道凡有人来秀贞家，都想看一看目前健在的仅有的这位老人，但朱书常是不见生人的，如察觉是生人要看他，他就会拿起砖头打人。我赶的机会不错，有秀贞大哥在场，朱书常还安静地坐了一会儿，并且按大哥要求到家里提回来一壶开水。

这一次他给了我很大的面子，让我看到一个近乎常人的朱书常。但时隔不久的一天，我和电视台的同志再去南臣赞，却遭遇了一次险情。也得以领略朱书常的"庐山真面目"。摄影师扛着机子在胡同口侧身探望，朱书常在胡同的另一头扛着一把铁锹往前走。他发现了胡同另一头的摄影师，突然举起铁锹疯跑着迎过去要砸人家的摄像机。摄影师转身进入另一个胡同，然后转到刚才那个胡同的另一端，想从背后摄下朱书常的影像；朱书常也非常乖觉，他见前面的目标消失了，

△ 朱书常病逝后林秀贞一家为他举行告别仪式

便翻转身来，提着铁锹往回走，迎面看见正在拍摄的摄影师，又举起铁锹狂奔着去砸那摄像机……朱书常见胡同两端都够不着目标，疯得更厉害了，他举着铁锹从胡同这头追到那头，又从胡同那头追到这头……

大家想去安抚，但谁也无法近前。后来林秀贞赶过来，慢慢靠近他，把他手里的铁锹夺过来，牵着手把他领回家去。

林秀贞说，甭看朱书常已经是 75 岁的老人了，可身子骨还壮得很，你们年轻人也斗不过他。

6 年之后，我与林秀贞通电话，在电话那头，秀贞悲伤地告诉我，朱书常去世。她说，俺按照村里习俗，给老人家送了终。朱书常跟了俺 31 年，活到 81 岁，在村里也算是长寿的人了，俺愿让他再多活几年，可是岁数不饶人啊，她说着说着就哽咽了……

是啊，31 年啊，三分之一个世纪呀，秀贞拉着老人的手从 50 岁一步一步走到 81 岁，那份埋在心灵深处的情愫该是多么绵长啊……

四年踩亮一条路

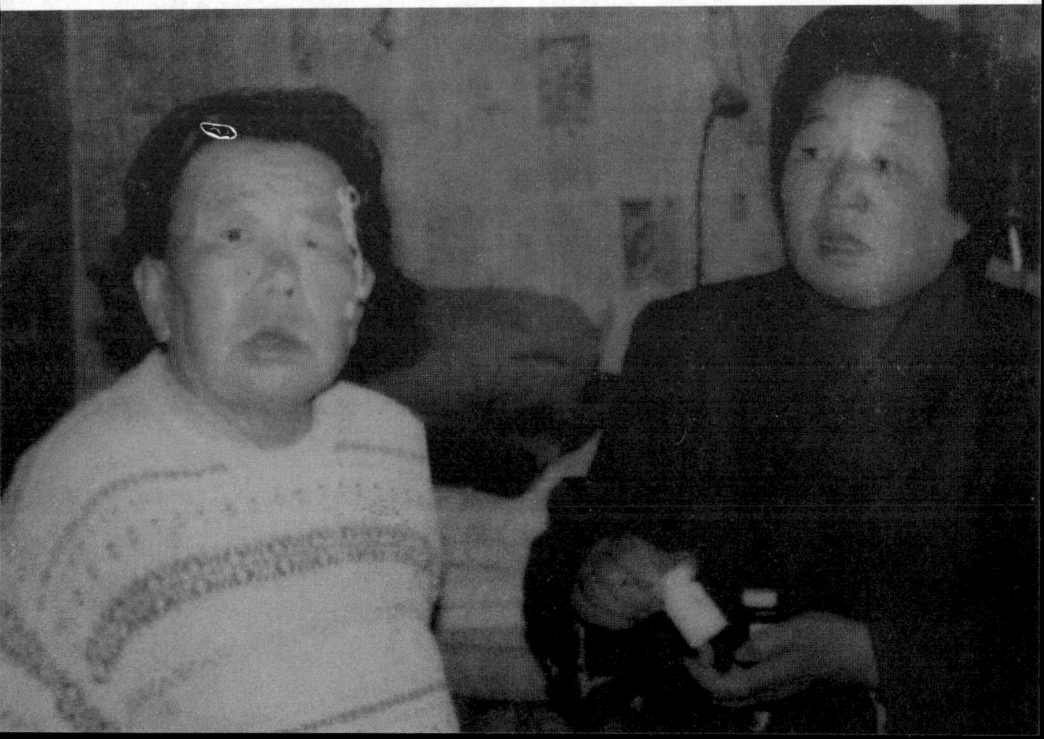

→ 朱淑芬其人

★★★★★

朱淑芬是解放前入党的老党员，在村里算是个受人尊重的老人。但朱淑芬这个人耿直倔强，脾气有点怪，人们都说她不好接触。这年春天，林秀贞去赶集，回来的路上遇见朱淑芬，秀贞热情地跟她打招呼，朱淑芬也笑着迎过来，两人坐在路旁的一块大青石上聊起来。

朱淑芬说："俺还记得你小时候的模样，长得挺俊的，叫人喜欢。"

林秀贞说："那时候啊，俺见了你就想多看你几眼，你年轻那会儿，人长得好看，又是个党员，你身上好像有一道光环，走路挺直身子，那个带劲儿！"

朱淑芬拍拍林秀贞的肩膀说："不行了，老了，你看看我现在成了嘛样子了？"

……看来林秀贞和朱淑芬有缘，朱淑芬跟秀贞说话一点也不别劲儿，挺随和的。从那天起，两人一来二往，就成了朋友。林秀贞抽空去看她，她就留秀贞在她家吃饭。秀贞知道朱淑芬很会做菜，就借机会跟她学做菜。

吃饭的时候，朱淑芬说："俺就是看着你好，有好东西就愿意让你吃。"

秀贞就说："俺就爱吃你做的饭菜，那味儿就是不一样。"

朱淑芬无儿无女，家里只有她和老伴两人过日子。1988年，朱淑芬的老伴突然病逝。朱淑芬陷入极度的孤独和悲痛。林秀贞借机来到朱淑芬家，想探一探她对今后生活的打算。几天来，朱淑芬像变了一个人，脸色很难看，身子骨更加单薄，说话也有气无力。

　　秀贞说："往后，你一个人，这日子怎么过啊？"

　　朱淑芬听了，眼圈马上就红了，秀贞随着跟上一句话："你要是不嫌弃，俺来照顾你。"

　　朱淑芬说："你这是哪里的话呀，俺怎么会嫌弃你呢！"

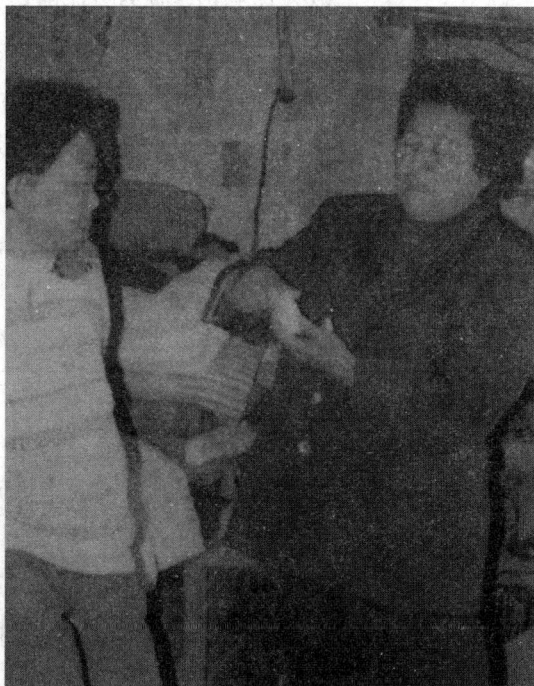

△ 林秀贞和朱淑芬

秀贞紧跟着说："那么说你同意了？"

朱淑芬说："你这么忙，那么多事儿，你有空过来说说话，我就知足了。"

秀贞说："我不忙，我有空儿。"

→ 她终于答应了

★★★★★

朱淑芬住后街，林秀贞住前街。前街与后街之间有一片长满荒草的洼地。为了节省时间，秀贞都是穿过那片草地到朱淑芬家去。

自从那天以后，林秀贞到朱淑芬家，都要到锅台去摸一摸她家的锅。这已经成了她的习惯。因为她知道，锅要是冰凉的，就说明朱淑芬没有做饭，锅要是温的，那就是朱淑芬吃过饭了。她怕老人瞒着她。朱淑芬爱面子，又怕秀贞惦记，无论吃饭没吃饭，她都说吃过了。秀贞这一手，使老人再也没法瞒她。

这一天林秀贞又到朱淑芬家里，朱淑芬从炕上勉强坐起来跟秀贞打招呼。老人下炕的样子很艰难，走路也不稳，手扶着炕沿一点一点地挪动。林秀贞预感到，老人的腿脚不行了。

秀贞说："从今天开始，你就别自己做饭了，我给你做了送过来。"

朱淑芬强撑着说："我能做，我能做。"

秀贞说："你还是那个心气，不服老，要是摔着碰着的，那就麻烦了，别说别的了，到吃饭的时候你等

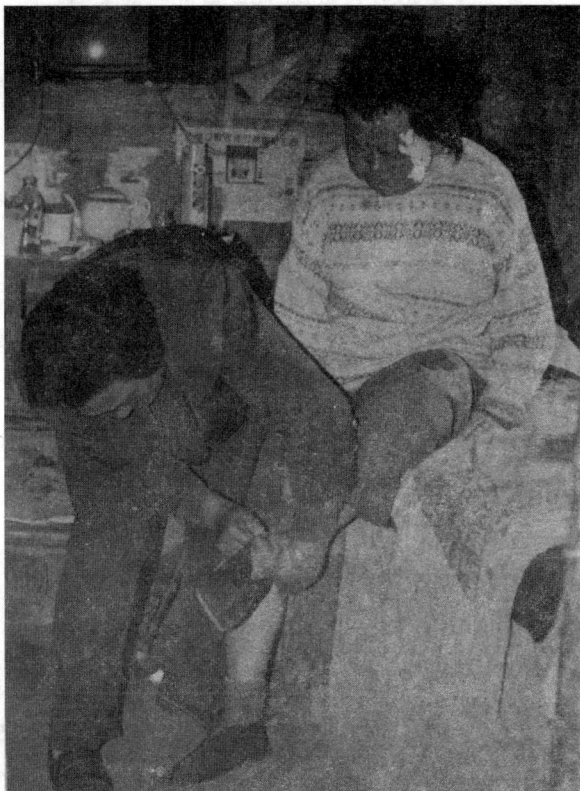

△ 孤寡老人朱淑芬家离林秀贞的家有300米，在老人瘫痪的四年时间内，林秀贞把两家间的草丛踩出了一条明亮的小路

着就行了。"

话说到这份儿上，朱淑芬只好答应了。

征得朱淑芬的同意，秀贞回家与丈夫朱金英商量：朱淑芬衣食住行都很讲究，她不是那种没好没歹、粗粗拉拉的人，不肯轻易接纳外人。特别是她会做菜，口味高，爱挑剔，咱做的饭菜让她满意可不是个容易的事。两口子商量了半天，定了个"三不两有"的饭菜谱儿：不吃陈的，不吃凉的，不吃大锅里的（单独做）；要有颜色，有滋味。心到手到，两口

子按照这样的标准经过一番努力，加上前些时候秀贞跟朱淑芬学的那点本事，总算可以应付了。朱淑芬吃着他们做的饭菜，咂着滋味，不住地夸赞。

一天三顿饭，每顿送饭都要从那片荒草洼里穿过。这饭一送就是四年。林秀贞和她的丈夫、儿女，用自己的双脚和四年的时间，在这片荒草洼里，踩出了一条发亮的小路。这条路在温暖的阳光下闪着光，在前后街的两个家庭之间，传递着温馨和爱意。

→ **俺这是喜的**

★★★★★

1996 年秋天的一个傍晚，林秀贞包了韭菜馅的饺子。她把饺子煮好，盛到一个大碗里，再用笼布裹严，出了家门，沿着那条小路往朱淑芬家走去。这是一个温和的天气，不冷不热，柔软的风吹着，新鲜的空气吸进肺里，感到很舒畅。她走得很快，希望朱淑芬也有这样的好心情，能吃着她包的韭菜馅饺子夸赞她的手艺。当她推开门，却看到朱淑芬静静地躺在炕上，一动也不动。她叫了一声，朱淑芬也没有回应。秀贞感到情况不对。要是在往常，这个时候，朱淑芬正坐在炕上，向窗子外边张望，等秀贞来送饭。今天这是怎么了? 秀贞放下手里的饺子，上去推了推朱淑芬，又喊了两声，仍然没有回应，秀贞已知大事不好。她小心地翻过朱淑芬的身子，扒开她的眼睛，她依然没有任何反应。林秀贞马上背起朱淑芬，一口

△ 给朱淑芬老人送饭归来

气跑到卫生院。

卫生院经过检查，确诊为重度脑血栓。马上进行抢救。为了保证治疗效果，待病情稍稍稳定后，林秀贞决定转到市里大医院救治。她租了出租车，把朱淑芬拉到市医院。经过精心的治疗和护理，朱淑芬慢慢恢复，脸上也有了笑容。秀贞又能和她唠嗑了。

朱淑芬病后，林秀贞有了一个想法，她想借此机会把朱淑芬接到自己家里养着。

出院的时候，秀贞向她说了自己的打算："这病都是三分治七分养，你到我家住一段日子，养得差不多了你再回去。"

可是朱淑芬说什么也不同意。她说："你救了我一条命，还搭上那么多住院费，我可不能再拖累你了。我好了，没事了，你就放心吧。"

秀贞见她执意要回自己的家，知道再劝也没有用，就把她送回家去。过后，秀贞又像原来那样一天三顿送饭。晚上不放心，秀贞忙完家里的事，再到朱淑芬家陪她睡觉。

这一天，秀贞见朱淑芬心情不错，借机又劝她：

"我有句话，你听了可别不喜欢。"

朱淑芬说："你说吧，说什么我也不烦。"

秀贞说："我把家里都安排好了，还是想让你到俺家去住。

△ 林秀贞在给孤寡老人晾晒棉裤

那样我照顾着也方便，省好多时间，我随时都能看见你，干什么也放心。"

朱淑芬听了，半晌不说话，看样子她现在不愿答应又不好推辞。

秀贞跟上几句话："金英说了多次了，孩子们也愿意让你搬过去，咱们一大家子在一块多好啊！"

朱淑芬仍然犹豫："那不更拖累你啊？"

秀贞说："咱一家人不说两家话，就这么定了吧！"

林秀贞拾掇好那间屋子，生了炉子，盘了炕，把屋子烧热了，又拆洗了朱淑芬的铺盖，一切准备就绪，就选了个好日子，把朱淑芬接到家里来。朱淑芬住进干净明亮的屋子，躺在暖融融的大炕上，看到的是秀贞一家人亲切的笑脸。她忍不住抽抽咽咽哭了半天。秀贞一家人这个劝那个哄，朱淑芬总算平静下来。她抹抹眼泪说："俺这是喜的，俺这是喜的！"

→ 只要老人好好的

★★★★★

秀贞心里明白，上了岁数的人得了病，不那么容易恢复。朱淑芬要完全恢复，没有半年几个月的工夫不行。但是朱淑芬至今不能下地走路，拖得时间长了怕是更麻烦。必须想办法尽快解决这个问题。秀贞一边精心照料，一边到处打听促使脑血栓恢复的良方。秀贞有个侄子叫刘宝根（秀贞的大哥刘丙全的儿子），在石家庄干休所工作，是个军医。秀贞找到侄子，请他帮助寻医问药。侄子尽全力帮助治疗和护理，有了明显的效果。三个月后，朱淑芬突然说要下去走走。秀贞一阵高兴，她扶着朱淑芬下了炕，然后让她试着自己走。朱淑芬先是扶着炕沿挪动，然后扶着墙走动，再后来竟不用扶着东西，自己慢慢走起来。秀贞说，今天是个好日子，咱们要庆祝一下。于是秀贞切菜和面包了饺子。

朱淑芬吃了饺子，拉着秀贞的手说："我拖累了你这么长时间，你也该松松心了，你还是让我回家住吧。"

秀贞说："那怎么行啊，你刚好了点，就不是你了。"

朱淑芬说："我老不回去，我那个家搁在那里没人管，也不放心啊。"

秀贞说："你先别着急，过几天再看看，要是好得差不多了，我就送你回家。"

几天后，朱淑芬又闹着回家，秀贞拗不过她，就把她送回家去。于是又恢复了一天三顿送饭。

第二年，林秀贞见朱淑芬身体恢复得不错了，就想抽空外出，跑一跑业务。秀贞之所以能做这些好事，有一个重要的条件，就是她有一个小工厂，这是她的经济支撑，如果把小工厂荒废了，做事就受限制了。她要去跑业务，可是又放心不下朱淑芬。临走之前，秀贞和丈夫商量，要给朱淑芬雇个保姆。

可是，这事一和朱淑芬说，她不同意："那可不行，哪知道会雇个什么样的人啊，要是个让人腻歪的呢？"

秀贞赶忙说："咱挑个可心的，挑个你喜欢的。"

朱淑芬仍然不松口："哪就那么好找啊。"

秀贞又劝："俺知道你爱干净，俺给你找个干干净净的小妮子，咱先试试怎么样，不行咱再换。"

朱淑芬见话说到这份儿上，只好答应了。林秀贞把精心选的小姑娘领到朱淑芬家，一切交待妥当，见朱淑芬脸上有了笑模样，才离开村子。

林秀贞和丈夫朱金英循着原来的业务关系来到宁夏，和一个厂家谈一项业务，刚说得有了意向，家里打来了电话，说是朱淑芬老人用拐杖把雇的小保姆给打跑了。老人闹着要秀贞回去。一听这个情况，秀贞着了慌。老人刚恢复得差不多了，要是一生气犯了病咋办？不行，我得马上回去。在秀贞心里，伺候老人总是比自己的事重要，她认为跑业务说到底不过是赚钱的手段，而老人的幸福安康才是最终的目的。秀贞毫不含糊，马上收拾东西打道回府。

秀贞回得虽然匆忙，但并未忘了给朱淑芬买当地的糕点，当她把宁夏的糕点拿给朱淑芬吃的时候，随口说了句：

"让那妮子也吃一块吧。"

朱淑芬说："哪个妮子？"

秀贞说："就是俺给你雇的那个小保姆啊。"

朱淑芬说："那妮子，俺早就让她回家去了。"

秀贞说："怎么把人家赶走啊。"

朱淑芬说："那么个妮子能干个嘛呀。"

秀贞说："人家不是挺干净、挺勤快的吗？"

朱淑芬说："她干也干不了，话也不会说，做的饭不好吃，炒的菜没滋味，照你差远啦！"

秀贞心里明白，这一切都不是真正的理由，原因只有一个，就是她对俺产生了依赖，精神的依赖，赶小保姆是假，叫俺回来才是本意，俺不在家她心里不踏实。

后来秀贞和老朱去太原跑业务，那个厂家知道他们是实在人，愿意与他们合作。有一笔20万元的合同，条款都商量好了，第二天谈得顺利就可以签字。晚上刚在旅馆住下，家里又来了电话，说朱淑芬病了，血压高到200多，非常危险。和上回一样，秀贞和丈夫合同也不订了，赶紧往回返。秀贞跟朱金英说，钱这东西，今年挣不了明年还可以挣，人的命可是有去无回，人死了说什么都晚了。老朱说咱应该给人家说一说，让人家等一等，秀贞说这样的事人家不会等咱，人命关天，咱不能再为这事耽误时间。

回到家马上把朱淑芬送进医院，先是抢救治疗，然后是做全面检查，几天下来又花了4800元。这一回还是依靠当军医的侄子刘宝根，秀贞向侄子说，小子，咱用最好的药，输最好的液，请最好的大夫，咱不怕花钱，好得快就行。侄子按姑姑的要求尽心尽力，四十三天以后，朱淑芬脱离了危险。秀贞说，甭看咱扔了20万的合同，又搭上4800元，只要老人好好的，俺心里就高兴。

➔ 老人的口福

★★★★★

秀贞看到朱淑芬身体一天比一天见好，心里挺高兴。她经常坐到朱淑芬炕头跟她拉家常，询问她想吃什么。

有一回朱淑芬说想吃黄花鱼，林秀贞笑着说："想吃咱就去买。"

朱淑芬说："用香油煎。"

林秀贞说："对，用香油煎。"

朱淑芬说："放到碗里，再放上泡好的黏米，用大火蒸。"

林秀贞说："对对，就这么做。"

黄花鱼买来了，煎了炸了蒸好了，朱淑芬吃了打着饱嗝说："真香啊。"

秀贞看着她幸福的样子，心里美滋滋的。

△ 林秀贞坚持四年给朱淑芬老人送饭

这年冬天,清凉江结了冰,一夜的大雪,覆盖了整个村庄。林秀贞和丈夫早起扫雪,先是扫开了去朱淑芬家的路。来到屋里,朱淑芬望着窗外的大雪说:"秀贞啊,昨晚我做了一个梦,我梦到自己拿着一块大西瓜吃,真甜。"秀贞说:"那是你馋西瓜了,你等着,咱去买。"可是在这个偏僻的村庄,大冬天的到哪里去买西瓜呢?林秀贞又想,这事难不住人,听说县城里有卖西瓜的。她向县城打电话,果然有。秀贞就让丈夫去城里买。半天的时间，西瓜买回来了，让老人吃到嘴里。

就在这个冬天，朱淑芬病倒了。林秀贞又把她接到自己家的炕头上。第二年秋天，朱淑芬病情加重，高血压、心脏病，大小便失禁。秀贞怕老人受凉，每天都把炕烧得热热的，还点上煤火炉。她为朱淑芬做了十条褥子、六条棉裤，湿了就换，最多时每天换七次褥子。秀贞家院子里晾的全是褥子。转年正月初九，朱淑芬去世，享年 72 岁。秀贞按当地风俗，正正经经地为朱淑芬办了丧事。

风雨同行十四年

→ 朱金林其人

南臣赞有个怪人，名叫朱金林。人民公社那时，他在生产队里当饲养员。那时粮食不够吃，可朱金林却能从牙缝里省出一些粮食，他把省下的粮食喂牲口。生产队里每年都给牲口配点料，一般都是黑豆或黄豆。在缺粮的年代，豆子是非常珍稀的东西，有的饲养员偷吃牲口的豆子。朱金林不那样，豆子他一粒也舍不得吃，都如数喂了牲口。人们都看在眼里，朱金林喂的牲口长得又肥又壮，和别人喂的牲口相比成色就是不一样。别人夸他，他自己也为那些肥壮的牲口自豪。

朱金林爱牲口成瘾，他的牲口别人不能说半个不字。你可以打骂朱金林，但绝不能动他那牲口一指头。朱金林体弱多病，长得又小又赖，父母过世早，他光棍一人过日子。生产队照顾他，就让他当了饲养员。朱金林是个知恩图报的人，他能当上饲养员，全都是托了公社和生产队的福。所以他真心爱社爱队。他认为牲口是生产队的重要财产，爱护牲口就是对生产队的报答。时间长了，朱金林与牲口就建立了特殊的感情，在他心里，牲口比自己的命还重要。

朱金林吃在牛棚，住在牛棚，一天到晚和牛在一起，时间长了，那些牛和他特别亲。朱金林给牛添草添料，饮水驱蝇，垫圈扫身，不论干什么，嘴里都是嘟嘟囔囔跟牛说话。那牛好像懂他说的话，他说怎么着那牛就怎么着，他根本用不着拿鞭子指挥它们。村里都说朱金林会牛语。朱金林还学会了给牛看病，他

的牛有点这样那样的毛病，不用去兽医站请医生，自己
用些土法就给治好了。后来别的生产队的牛病了也请朱
金林去看，外村人知道朱金林会看牲口，也都请他去治病。
朱金林给牛看病主要办法是针灸，一般不用什么药，几
针下去，那牛就欢蹦乱跳的了。

→ 生产队散伙时

★★★★★

对于朱金林来说，牛棚就是他的天堂。他无论如何
也没想到，有那么一天，生产队要散伙。1981 年的春天，
生产队搞承包分财产的那个下午，一院子人围着抓阄分
牲口。朱金林却躲到院子的一个僻静的角落，和朱书常
一样，独自一人哭泣。林秀贞看在眼里，她走过来问朱
金林为什么哭，朱金林只顾哭泣并不回答。

等他哭完了，秀贞试探地问："是不是这牲口一分，
你就没事干了? 你是离不开这些牲口吧? "

这两句话戳到了朱金林的痛处，他又咧嘴哭起来。

秀贞又好言相劝，可是怎么劝都不管用。秀贞想，
这群牲口就是朱金林的命根子，要是给他分到各家各户
去，不等于要他的命吗?

秀贞有意激一下朱金林：

"亏你还是个大男人呢，这么点事也看不开! "

朱金林依然是哭，根本不理会。

秀贞马上又一转说："你看这样行不行，吃住你跟着
我，给我喂牲口，使唤牲口，今天我抓到一头牛，过些

日子我再买两头，全归你管。"

这话说动了朱金林，他抹了抹眼泪，想笑，可又一转念说：

"到你家去，那能行吗？"

秀贞见他犹豫，就告诉他，我是真心实意的，你再考虑考虑，想好了告诉我。

林秀贞把分到的牲口带回家安顿在新搭的牛棚里。第二天早晨她起来打扫院子，打开大门，门外站着朱金林，他正冲着秀贞笑哩。

林秀贞把朱金林领进早已安排好的屋子，朱金林摇摇头往外走。他走到西厢房拍拍冰凉梆硬的大炕：

"我就在这里，这儿离牲口近。"

说完就放下铺盖卷去看牲口，他抚摸着牛的脊背说：

"这是我最喜欢的那头牛。"

△ 林秀贞看望邻居老人

林秀贞看着朱金林的神情，心想总算给他找了个生活的出路。随后秀贞就跟丈夫朱金英去转牲口市。这一年她买了两匹骡子，再配上生产队分的那一挂大车，这一切就齐备了。朱金林在那个早晨第一次驾着这挂大车走在大街上，他想这一辈子都要感谢林秀贞。

→ 治　病

★★★★★

　　在秀贞家，不是朱金林听秀贞的，而是事事都要依着朱金林。秀贞像哄小孩似的哄着他，既要关心照顾他，又不能让他别扭。朱金林的饭不能误点，到时候必须吃，如果晚了点，他就一个劲地嘟噜：

　　"误事了，误大事了。"

　　秀贞说："误了什么大事了，金林？"

　　朱金林就说："牲口还没喂呢。"

　　秀贞笑着说："这是嘛大事啊？"

　　朱金林就生气地说："这还不是大事儿！这还不是大事儿！"

　　饭晚了朱金林就去喂牲口，一边喂一边唠叨，叫他吃饭也不吃。此后秀贞只好早早地把饭做好，按时让朱金林吃，吃完了好让他去照料牲口。

　　那年春天，朱金林驾车去给别人家接媳妇，因为喝了酒，从车上摔下来，住进了医院。林秀贞让医院给朱金林做了全面检查，发现他患有气管炎、高血压、心脏病、高血脂等多种疾病。朱金林出院后，秀贞就想办法劝说朱金林安心养病不要再干活。朱金林死活不肯。

林秀贞见他这样，就退一步，说让他只喂牲口别赶车了。

朱金林还是不答应。

秀贞再劝，朱金林就恼了："你嫌弃我，我走！"

秀贞没办法，只得好言劝慰，嘱咐他以后别喝酒，别累着，多注意身体。

此后，秀贞一直关注朱金林的身体状况，过一段时间就领他到医院检查，每次都要费尽口舌，好说歹说才肯去。有一次到卫生所，一量血压，高压260，低压210。大夫要求输液，朱金林死活不肯，秀贞强摁着给他输上液，等秀贞走了，他也拔了针头回到他的牲口棚。

1984年初夏，这天夜里下了大雨，第二天到处是水，路上泥泞难走。秀贞嘱咐朱金林不要动车了。秀贞一离开，朱金林就驾车出去了。下午，有人送信说朱金林摔着了。秀贞马上带人赶到出事的地方。朱金林正在地上躺着。秀贞让人用担架把朱金林抬回家。原来朱金林驾车在村东烧黑的大树桩子的地方惊了车，他从车上掉下来手都不撒开缰绳，就一直被惊了的马车拖着走，亏得有人拦住了惊车，才避免了更大的灾祸。秀贞怕是摔坏了朱金林，又叫车把他拉到衡水地区医院，经检查，是粉碎性骨折。秀贞赶紧给他安排住院治疗，同时又去邻村答谢勇拦惊车的恩人。

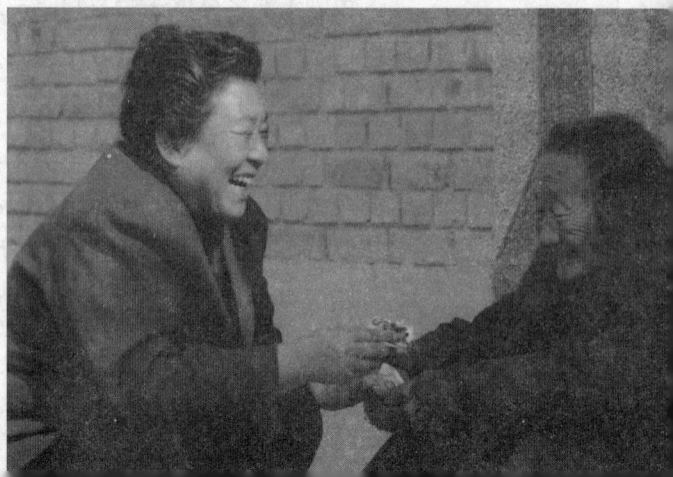

▷ 林秀贞和邻居老太拉家常

1984 年 8 月的一天，又是朱金林不听劝说，驾车去给邻村接媳妇。回来时在车上打盹，给摔了下来。林秀贞闻讯赶过去，见朱金林全身是血躺在那里。秀贞一边掉眼泪，一边招呼人们把朱金林送进衡水地区医院。经抢救脱离了危险。这次朱金林在地区医院住了三个月。秀贞让丈夫朱金英在医院陪床，自己把家里的农活全担起来。豆子也误耪了，秀贞就和十周岁的侄子套上大骡子去耪地，大骡子欺生，秀贞就打他，这一打，大骡子惊了，撒开蹄子满地飞跑。秀贞手挽着缰绳也不知道撒开，她被大骡子拖到清凉江边，才被乡亲们给拦下来。秀贞身上被硌破几块皮，两脚直流血。就这样，她也没让丈夫回来，让丈夫安心侍候朱金林。

　　朱金林在医院治病花钱多，秀贞家没有那么多钱，丈夫只好每隔 5 天从衡水回家拿一次钱。那时没有别的经济来源，全仗着家里种的那三亩棉花。秀贞就天天拾棉花，每集凑二三百块钱让丈夫带回去。就是这样秀贞还特意让医院同时治一治朱金林的其他疾病。90 天后朱金林出院，秀贞见他的身体状况比原来好多了，心里宽慰了许多……

➔ 十七年后说金林

★★★★★

　　朱金林是 1994 年农历十月初九去世的。他在秀贞家住了十四年。在他去世前三天，他哪儿也没去，自己一个人在牲口棚坐了一个上午。下午，他去了林秀贞办公室，守着秀贞又坐了一个下午。秀贞问他有啥事，他说啥事也没有，秀贞在那里忙着算账，朱金林就一直坐在旁边。

忽然，朱金林说："俺要是真不行了，你可要记挂那两头牲口。"

朱金林这话，让秀贞一愣。她似乎有什么预感。她放下手里的账本，就拽着朱金林去了卫生所。

大夫仔细给他检查了一下，除了血压高些，其他方面没有明显症状。大夫给开了降压药，秀贞又和他一起回到家。

朱金林去世前两天，秀贞又领着他到卫生所做了检查，仍然看不出什么症状。就在去世的当天下午，朱金林还去给别人家的牛接生。晚上，秀贞守着朱金林吃下药才离开。可是到了家不久，和朱金林住一个屋的人来叫秀贞，说朱金林又犯病了。秀贞马上去找大夫，等大夫赶到时，朱金林已经断气了。

秀贞非常悲痛，一个活生生的人，怎么说死就死了呢。但这是一个摆在面前的事实。秀贞忍着悲痛操办了朱金林的丧事。

朱金林去世已经二十多个年头了，可是秀贞说起朱金林的事，依然觉着他还在身边一样。朱金林用的马车、鞭子、鞍鞯等物件，秀贞还保存着。

邻村那个孤老人

→ 在村东道沟里找到他

★★★★★

以往林秀贞赡养的孤寡老人都是本村的，一个偶然的机会又让她与邻村的一个老人结了缘。

1996年秋天，玉米谷子进了场，人们都在地里拾棉花。秀贞从地里回来，正坐在自己小工厂的办公室里处理杂务，匆匆忙忙进来一个人。

那个人进门就问："俺打下电话行吗？"

秀贞指了指案上的电话机子："你打吧。"

那个人说："俺不会打。"

秀贞说："告诉我号码，我给你打。"

秀贞说着，就按那个人提供的电话号码拨了电话。

那个人接过电话说："喂，喂，还没有找着……谁知道在哪里呢……找了这么长时间也见不着个人影……"

秀贞见那人慌乱的样子，就问发生了什么事，那人告诉她："俺是北臣赞村的，俺村一个叫张振起的老人失踪了，几十口子邻居都在帮着找，到现在还是找不到。"秀贞说，她也帮着找。随着就叫了丈夫朱金英，开着她家的小面包车，一条路一条路地找，一个人一个人地打听。她四处向人重复着邻居说的那个人的样子 : "你看见过一个 80 来岁的老头吗? 大高个儿, 上身穿个黑褂子, 下身是旧绿军装裤子……"

月亮升起来了, 还没有找到张振起。秀贞又沿着原来的路反方向寻找。终于在一个拉棉花的农民那儿得到一个消息。那人说村东的道沟里好像是躺着一个人。林秀贞开车赶过去, 随车的那个邻居到跟前一看, 正是张振起。经过询问, 才得知张振起是路过这里时, 不小心摔到沟里来, 一丈多深的道沟, 摔得挺厉害, 动不了也喊不出声, 只好在这里躺着。张振起个子大身子重, 怎么把他弄到平地上去呀, 大家正在犯愁, 一个拉棉花的车正好路过, 秀贞就借用人家一个包棉花的大包皮, 把张振起放到上边, 四个人抬着包皮的四个角, 把张振起兜到路上来, 然后又用面包车把他送回家。

张振起的家空空荡荡的, 什么也没有, 有的只是那些丢在地上的乱七八糟的用具。秀贞想帮他拾掇一下, 可是不知如何下手。想给老人熬点粥喝, 费了好大功夫才找到要用的东西。秀贞得知张振起无儿无女, 就一个人过日子, 就觉着有些悲凉。

秀贞说 : "你这个样子, 这日子怎么过呀? "

张振起无可奈何地说 : "有啥法呀, 就这么凑合着过呗。" 此情此景, 使秀贞产生一个念头, 她想帮助张振起。可是她不了解张振起, 不知道是个啥脾气, 又不在一个村, 想照顾他又不知该怎么办。眼看快到冬天了, 张振起这个摔倒就起不来的老人, 没人照顾, 恐怕过不了这个冬天。

➜ 隔三岔五去看望

★★★★★

　　秀贞把张振起安顿了一下，回到家已经挺晚的了。她觉得很累，想歪在炕上先打个盹儿，可是怎么也睡不着。她看看丈夫朱金英，他也半睡半醒的没有精神。秀贞捅了捅金英，金英说你想说啥呀？

　　秀贞说："把张振起弄到咱家来吧。"

　　朱金英一下睁大了眼睛："你说什么？你是说咱们照料张振起？"

　　秀贞说："你看人家真到了难处了，咱怎么也得帮一把呀。"

　　金英沉吟了片刻，然后痛快地说："那就依你吧。"

　　第二天，秀贞又到北臣赞，来到张振起那间没动烟火的屋子。张振起躺在炕上，诧异地看着秀贞。秀贞说今天有空，过来跟你说说话。秀贞问他多大年纪，有多少承包地，每年打多少粮食，日子怎么过……

　　张振起说："俺知道你是谁了，你就是那个人们常说的林秀贞吧？"

　　秀贞说："是，俺是。俺赡养了南臣赞的几个孤寡老人，他们跟着俺都挺舒心的，俺想跟你商量商量，把你也接到俺家去住。"

张振起听了，连连摇头："不行不行，不麻烦你了，不麻烦了。"

秀贞说："麻烦什么，不麻烦，你这么大年纪了，又有病，身边没个人怎么能行呢? 俺家人多，照顾起来方便。"

张振起还是摇头："那里不是俺的家，再好俺也不能去。"

张振起不同意，秀贞没有办法。但是她对老人放心不下，于是就隔三岔五地去看一看，经常带些吃的东西和药物。时间长了，秀贞和这位邻村的老人也慢慢地熟悉起来。

张振起有小脑萎缩的老毛病。这年又犯病了，比原来更严重。秀贞借这机会又去劝说，这一次张振起勉强同意了。秀贞又征得北臣赞村干部同意，并和他的左邻右舍沟通好，就把张振起搬到自己家里来了。

→ 她这样伺候病人

★★★★★

秀贞小厂子的院子里，有两间南房，她把张振起安顿在南房里。秀贞在办公室工作，随时都可以过去照料一下，很方便。但是张振起的病继续发展，不久就卧床不起了。秀贞心里着急，什么事也顾不上了，一个心思给张振起治病。

秀贞又找到自己那个当军医的侄子，她知道，侄子广州军医大学毕业，专看老年病，有丰富的临床经验。秀贞就跟侄子说："小子，这是你姑的大事，你一定使出吃奶的劲帮姑一把。"侄子真的动了脑子，下了功夫，通过多种渠道了解治疗小脑萎缩最前沿的研究成果，用上了一些新办法、新药物，在老人身上对症施治。

病人在家里，侄子在石家庄，不能经常回来，秀贞就用电话每天汇报老人病情，侄子也用电话指挥用什么药、打什么针、怎么护理。侄子凭经验说，用这种治疗方法，七个星期是个坎，就是说50天之内如不能恢复，就没办法了。你说怪不怪，到了46天，张振起从炕上坐起来了。

张振起说："俺饿了，俺想吃个馒头。"

秀贞说："你等一下，俺马上去给你做饭。"

秀贞给他炒了个菜，把蒸热的馒头端到他面前，张振起香甜地吃起来，秀贞高兴地看着他吃完，心里说这下可好了。

又过了七天，张振起忽然说："俺想下地走走。"林秀贞又是一阵高兴。她扶着张振起下了炕，开始是扶着炕沿挪动，后来自己也能慢慢地走几步。秀贞看着，真的松了一口气。此刻，她才想起来，地里、厂里有那么多活在等着她。

秀贞要去忙别的事，但她想一定要把张振起的事先安排好，张振起刚要走路，得让他锻炼锻炼，走得多了恢复得快。可是让他一个人在家，摔着怎么办？她和丈夫朱金英商量半天，想出个办法，她找来四根长长的木杆子，在屋里的空当处扎成一个方形的大架子。借着炕沿、墙壁和家具，把方形架固定在半人高的位置。张振起下了炕就可以扶着这个架子，来回转圈。这个办法挺好，老人不光可以借此恢复体力，而且也可防止摔跛，这就用不着秀贞天天死守着了。秀贞腾出手来赶紧去忙别的事情。

张振起进入 88 岁那年又出现了异常。秀贞的儿子朱新宇给张爷爷洗脚，新宇倒上温水，然后给老人脱鞋脱袜，洗着洗着，张振起突然瞪直了眼睛说：

"你看，来了个人。"

新宇四处察看，一个人影也没有，以为老人是在跟他闹着玩呢。笑了笑，没往心里去，继续给他洗脚。

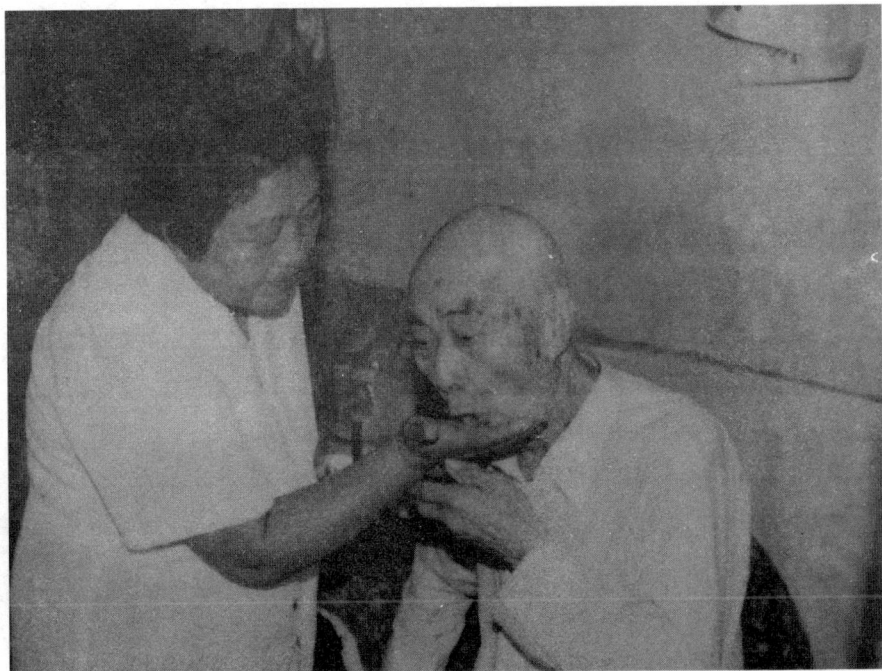

△ 邻村孤寡老人张振起摔伤后，住进林秀贞家。为了照顾他，林秀贞想尽办法，仿照婴儿学步车做工具帮助老人康复，千方百计地让老人安度晚年

张振起见新宇不说话，就自言自语地说话，那样子好像眼前真的站着个人。新宇问："爷爷你在跟谁说话啊？"

张振起说："跟俺爹、俺娘啊。"

张振起父母早已死了好多年了，谁也不记得是个什么模样。新宇听他说起来像真的一样，就有些害怕，他草草给张振起洗完脚就跑出屋子，再也不敢进去。

秀贞的女儿宝琴去给张振起送饭，张振起又跟她说那些疯魔颠倒的话。吓得宝琴放下东西跑出去。秀贞问她都说些什么，宝琴说："他说的真瘆人，吓得俺浑身起鸡皮疙瘩。"

以后张振起老人就经常出现幻觉，一会儿说看到了这个，一会儿又说看到了那个，一会儿哭一会儿笑，神神道道，一惊一乍的，拽着秀贞和丈夫，不让他们离开。

这天张振起说："俺娘给俺蒸了菜团子，真香，里边还有猪油渣渣哩。"

秀贞认为他是馋菜团子了，就按他说的蒸了那样的菜团子，可是给他端上来，他一口也不吃。

随后张振起又说："俺娘给俺包饺子了，真好吃。"

秀贞又给他包了饺子，可是饺子端到他跟前，他又说要吃包子……

那天晚上，张振起拽着秀贞的手说：

"你不能走，俺害怕！"

"你怕什么呀，亮着电灯，跟白天一样。"

"亮着灯更害怕，你看那么多人，花里胡哨的，他们要把俺拽了去……"

"你哪里也不用去，好好歇着吧。"

秀贞一直拉着老人的手，一边重复说着"没事了，没事了"，一边按摩老人的身子，不多会儿，张振起睡着了。

第二天，张振起一觉醒来，看样子是清醒点了，他闹着要回家。秀贞一再劝慰，一点作用也没有。

后来张振起又哭起来，随哭随闹："俺就是要回家，俺就是要回家……"

为这事，秀贞想了好几天。后来她想出了一个办法，她和丈夫朱金英找来一块挺大的木板，二人把张振起放到木板上，然后两人抬着张振起，到屋外转圈。

秀贞边走边向他说："快到家了，快到家了。"

张振起躺在木板上，像小孩似的笑眯眯的。

他们在屋内屋外转了几圈，然后又放回到炕上，告诉他"到家了。"

张振起摸了摸炕席又摸了摸被褥，连连说："可到家了，可到家了，还是家好，还是家好……"

秀贞说，"家是好，家是好，躺一会儿吧，好好歇歇。"

张振起微笑着躺在炕上，一会儿就睡着了，那睡觉的样子很幸福。

只过了一天，张振起就又闹起来，他大声喊：

"俺要回家，俺要回家……"

秀贞和丈夫再故伎重演，抬着张振起又转了几圈。转完放回炕上，张振起又安静一会儿。

有一天，秀贞两口子刚把张振起放到木板上，还没有抬起来，张振起突然醒悟了似的，他说：

"不对，这个不对哩！"

"啥不对啊，你不是要回家吗？"

"回家怎么不坐车啊？俺要坐车回家，要坐车回家……"

秀贞只得说："好办好办，咱有车，咱坐车回家。"

秀贞和丈夫把大车套上，让丈夫把张振起背到大车上，驶出了院子。张振起坐在牛车上，非常高兴。

他说："坐车真好，俺8岁就坐过车哩。"

秀贞说："坐车好吧，咱坐车回家……"

"好，坐车好，大黑牛也好……"

在街上转一圈，然后回到家来，再放到炕上，张振起又消停几天。

……

毕竟是88岁的老人了，直到有一天，张振起没劲闹了，也没力气说话了，秀贞和丈夫也给折腾得瘦了一圈，张振起算是寿终正寝了。

多少年后，秀贞说起张振起这些事，脸上没有烦恼，她说为老人操劳是俺心甘情愿的，那不能说是苦，那应该是一种幸福。

小厂故事多

→ 贷款急转弯

★★★★★

秀贞和丈夫上世纪70年代初就在社办企业上班，在玻璃钢业务上有点路子。朱书贵和刘秀焕两位老人去世后，赡养老人的担子稍轻了点儿，有朋友就劝他们干一摊自己的企业，那时候他们思想不解放，觉着共产党员办私人企业不对头。后来秀贞看报纸，有的文章里说共产党员应该带头致富，她反复琢磨，这是个理儿，全党上下都在发展社会主义商品经济，共产党员不能站在旁边看啊。

1987年秀贞终于下了决心。在朋友帮助下，300元起家，十年辛苦，办起了小规模的玻璃钢厂。这时候，她是左右两肩各挑一副担子。左肩是四个孤寡老人，右肩是玻璃钢厂。因为厂子和家紧挨着，两件事经常搅在一起，秀贞同时照顾两边，倒是方便了，可也惹出了不少麻烦、笑话，造成一些损失。另外，因为有了这个小厂，林秀贞又把厂子当成做好事的基地，也发生了好多捉襟见肘、助人屈己的故事。

1987年刚办厂那会儿，困难特别多，建厂房需要钱，购原料需要钱，刚开工时愁活干，有了活又愁周转资金。秀贞想尽办法，向银行贷点儿，向朋友借点儿，一步一步往前挪。可就在这缺钱的时候，又出现了意料之外的新情况，还要再花钱。

这年6月，旱季刚过，雨季将至。秀贞从银行贷

△ 林秀贞为村里修建的公路和路灯

款回来路过南臣赞小学，校长正在院里犯愁。学校两个教室的房顶子坏了，有好几个地方露着天。要是来场大雨，那可怎么办？村里没收入，修房没有钱，学校没办法。校长见秀贞走过来，便迎上去说话：

"你看看这房子，怎么敢让学生再在里头上课哩！"

"到了雨季了，修房是头等大事，赶快地，别含糊啊！"

"村里拿不出钱来，学校穷得叮当响，没钱咋修哩！"

"你怎么不早说呢，这个钱我出。"

林秀贞把刚刚从银行贷出来的2000元钱从提包内取出来交给校长，校长捧着那些钱，眼泪只想掉下来：

"贞姐，你也难，公家的事怎么能用你自己的钱呢？"

"救急的事，嘛也别说了，都是为了咱村的孩子！"

就用这2000元钱，学校请来民工把房顶修好，五天后，孩子们重新回到教室上课，校长和老师再也不用担惊受怕了。但是他们不知道，林秀贞为了小厂子的资金周转，在这五天里，又找亲戚朋友东挪西借，舍脸求人，才勉强补上那2000元的亏空。

→ 课桌问题

★★★★★

这年春节，南臣赞村在村小学召开春节联谊会，在那间破旧的会议室里，大家推举林秀贞说几句话。秀贞站起来说了几句话：

"咱们村是个穷村，但是穷要穷得有志气。只要有志气，就会有希望。咱们最大的希望是什么？是孩子。千万别因为那几个钱，就断了孩子上学的路，要是把孩子的路堵死了，也就把我们的希望堵死了。我想每家每户都要克服困难供孩子上好学，还希望村里想尽千方百计把学校办好，这不光是咱们自己的事，也是咱们国家的事。国家建设需要人才，咱们穷苦人家的孩儿更容易成材……"

秀贞的话，引起大家一阵掌声。

会议结束后，校长拉着大家到各个教室看一看。走进刚修好房顶的教室，看见孩子们都在全神贯注地学习，秀贞感到无比欣慰。校长说，多亏你的帮助，要不然，学生什么时候能正常开课还说不准哩。秀贞说，过去的事不说了，你说还有什么问题，咱们一块想办法。校长连忙说，没有问题了，没有什么问题了。生怕再给林秀贞添麻烦。

"我看还有一个问题。"她指着学生用的"课桌"说，"这个该换了。"说是课桌，其实是一个简易的土台子。桌面是用含盐特多的"苦土"制成的"板子"，桌腿是旧砖垒起的"支架"。一摸一手土，一晃就要塌。

校长说，再过一阵子村里有了钱再换吧。

秀贞说，村里什么年月有钱啊？这事不能等，你算一算，一共需要多少钱，我给咱想想办法。

这一次校长执意不肯，说什么也不能再让秀贞出钱。可是秀贞合计了一下，70张桌子，需要3000元钱，两天以后，就把钱送过来了。

寒假后一开学，学生们全部用上了新课桌。

⟶ 电报挂在电话上

★★★★★

1991年春天，林秀贞的小工厂已经办了4年了，各方面的事情头绪很多，真有些疲于应付。秀贞想，有个电话就好了，那样可以少跑好多路，再说办起事来效率也高啊。她和丈夫朱金英商量："老朱啊，咱安个电话吧。"丈夫说："行哩，等要要账凑凑钱咱就安。"那时农村还很少有电话，初装费也很贵的，需要两千来块呢。转眼到了10月，秀贞就真的操持着安上了电话。这个东西还真是个稀罕物件，村里人都来看新鲜，邻居们围上来，这个动动，那个摸摸，好久不肯离开。秀贞怕邻居们想打电话不好张口，就对大伙说：

"有个这玩意是方便，谁家要是有事，用着了就来打啊。"

大家你看看我，我看看你，谁也不知道说什么。可是没有过三天，十里八乡的都知道了，人们都在念叨着，人家林秀贞家安了电话啦，人家还告诉乡亲们，谁家有事谁就打……

渐渐地就经常有人来打电话。左邻右舍，前街后街，十里八乡，甚至景县那边的村子，都来用这个电话。谁来打也没收过一分钱，简直就成了公用电话。

有一天，有个陌生人来打电话，打完了掏出十块钱，放到秀贞的办公桌上。秀贞拿起钱就向那人兜里塞：

"这电话就是给大家预方便的，不要钱，不要钱。"

"那怎么能行啊，都来打，你家得垫多少钱哪！"

"说不要就是不要，你别再提钱的事了。"

那人只好把钱又收起来。

安电话第一个月，秀贞去交电话费，当月花了1000多。秀贞发现常有这样的情况：有的人有急事来打电话，可是对方没有电话，打电话的人干着急。秀贞想，这事要有个办法，要不多耽误事啊。后来还真想出了办法。秀贞到邮局交了150元电报费，这样就可以用这个电话给对方发电报……此后，秀贞去邮局，就交两种费，一种是电话费，一种是电报费。工厂赚钱不多，都交了这两费了。

→ 救 急

☆☆☆☆☆

那一年，本村刘焕素的丈夫身患重病。浑身抽搐，高烧不退，情况危急。刘焕素和丈夫带着一个13岁的孙子在家过日子。三个儿子都在外地工作。遇到突然变故，刘焕素慌了手脚。她想通知儿子们，马上就想到了林秀贞的电话，可是儿子那头的电话她不知道。最近大儿媳妇来过一封信，她就拿起那个信封往林秀贞家跑。原来她没有去过秀贞家，需要随跑随打听，好容易找到秀贞的厂子，恰赶上秀贞外出不在，秀贞的丈夫朱金英赶紧过来，问她有什么事。刘焕素递给他那个信封说：

"贞妹夫啊，给俺家那个老大打个电话，俺当家的不行了！"朱金英拿在手里，找不着电话号码。刘焕素指着那个邮政编码说，就是那个号啊。

正在着急，秀贞骑着摩托从外边回来。问明情况，就说发个电报吧。马上就写了电报内容，用电话传到邮政局，一下子就发到北京她儿子那里去。

发了电报，秀贞和丈夫赶紧跟刘焕素一起开着面包车赶到她家，刘焕素的丈夫正在翻白眼。夫妻二人马上把人抬到面包车上，送到衡水地区医院。

经过抢救，刘焕素的丈夫稳住了病情，逐渐得到恢复。在北京工作的儿子赶回来时，病人已经不碍事了。

事后刘焕素说，亏了俺一下子想到秀贞家的电话，要不是那电话，老头子就没命了。

→ 电话这头和那头

★★★★★

朱书常爱接电话。电话一响他就跑过去，可拿起电话他又不知道说什么。经常因为他接电话耽误了业务。厂里有人发现了就赶紧给人家回电话说明情况，厂里没人就坏事了。后来秀贞反复教他，说电话他不能接，接了就要出大事。他理解了。此后，朱书常听见电话铃响，要是厂里有人就站在一边不动，等别人去接，要是厂里没人，他就走近电话机，指着电话大声说，厂里没人，别打啦，厂里没人，别打啦……一直喊到电话铃停止，也不知道去叫个人接电话。

朱金林也爱接电话。他接电话也是常误事。1992年林秀贞与辛集市乳酸厂联系了一笔业务，人家需要四个防腐罐，大约16万元的活儿。当时先定了个意向，说好下一步再电话联系。那天人家电话打过来，准备约秀贞去订合同。当时朱金林正在厂里，他一听电话铃响马上去接电话。对方问，你是枣强县臣赞第九玻璃钢厂吗，朱金林快着说，是是。人家说，老林同志在吗？朱金林哑着嗓子说："我就是老林哪。"人家一听是个男人，马上说："去你的吧，人家老林是女的。"说完"啪"地放了电话。

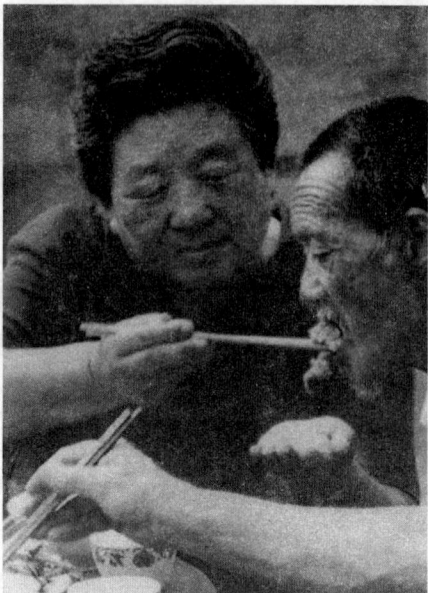

△ 林秀贞照顾孤寡老人朱书常

辛集乳酸厂的人放下电话后又想，是不是拨错了号了？可能不是4028，是4208，打一下4208试试，一拨4208，对方说："我是枣强县第九玻璃钢厂，你找谁？""我找林厂长。""你有什么事？""就是前些日子说的那笔业务的事。"接电话的一听，马上反应过来了，赶紧说："林厂长出门了，临走还嘱咐这个事来，你先给我说一下，回来我转告她。"辛集那边因为急着用货就把订四个防腐罐的事说了。第二天枣强第九玻璃钢厂就派人去辛集乳酸厂，自称是林秀贞派去的业务员，和人家订了那笔合同。

事后秀贞见到辛集乳酸厂的厂长，问他那四个防腐罐的合同订不订，人家才恍然大悟，就把打电话的经过说了一遍。秀贞闹了个哑巴吃黄连有苦说不出。朱金林接电话误事，秀贞没着过急，只是耐心地一遍一遍嘱咐：听着有电话去叫人，千万别自己接。朱金林比朱书常明白，后来一听到电话铃响，就像个通讯员似的给厂里人报信。

残疾农民说幸福

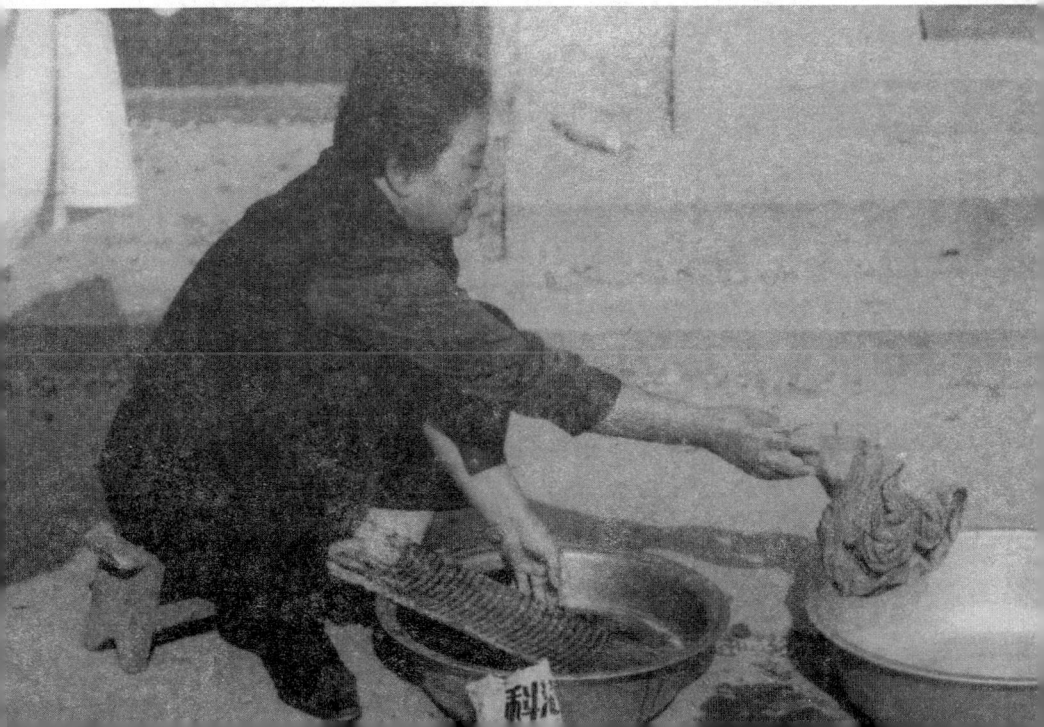

→ 关于郑丙臣

☆☆☆☆☆

2002 年初，秀贞赡养的六个孤寡老人已经有五个相继去世，而自己办的橡胶厂和玻璃钢厂也开始兴旺起来。这时候埋在秀贞心底多年的想法开始往上冒。她注意观察过本村和邻村的几个残疾人，他们艰难的生活和萎靡的精神状态让她心痛。现在的农民都富裕了，都精神起来了，可是这些人还在泥泞中挣扎。

景县广川镇郑秦村有个郑丙臣，1965 年出生，3岁时得了小儿麻痹症，落了个下肢瘫痪。要想行动，得先扶着墙根站起来，然后再用两手轮番搬动那两条僵硬的腿，一点一点往前挪。后来父母借钱在衡水医院给他做了手术，生活勉强能够自理了。这才在亲戚朋友的帮衬下娶了个四川的媳妇。

可好景不长，三年后媳妇竟抛下 2 岁的儿子跑了。郑丙臣处于极度的痛苦中。郑丙臣弟兄三个，他是老大。老二也是东凑西借娶了个媳妇，几年后因为嫌他家穷，带着两个孩子离婚走了。老三在一家乡镇企业打工，有一次外出安装铝合金塔不幸摔死。丙臣的父母真是叫天天不应，叫地地不灵。

秀贞和丙臣的母亲是初中的同学，他非常了解老同学的困难。平时免不了伸手帮她一把。每年春节前，秀贞都去她家看一看，至少放下 1000 元钱让她置办过年的东西。后来秀贞想，这样的帮法只能救救急，还不是解决问题的长法。不如把丙臣招到自己办的企业来上班，让他有一个稳定的收入，一来可以解决自家的生活问题，二来又可以积蓄点钱赡养父母。这话一出口，丙臣的父母非常高兴，可是丙臣有畏难情绪。他说，俺一个残废，能干什么事啊！还不是白给你增加负担？

秀贞细心开导他，你走路不方便，就给你安排坐着的活，技术方面不会，就请人免费培训，有你姨在，你怕什么？丙臣到厂子以后，先培训，后上岗，很快就适应了橡胶厂的工作。现在，郑丙臣在厂里已工作十年，厂里管吃管住，他每年净落工资15000元。他的儿子在私人学校上初中，每年学费2300元，丙臣除供儿子上学外，还有不少结余，短不了给父母送点零花钱。父母脸上有了笑模样，丙臣也心情舒畅了。在找对象的问题上，原来死了的那颗心现在又活泛起来了。

→ 关于吴如水

★★★★★

本村有个吴如水，也是1965年生人。与郑丙臣不同，他是1岁时摔断了腿，家穷无钱医治，落了个双腿残疾。不过他比郑丙臣稍轻，走路不是太困难。如水小时候受过很多苦。那时家里穷，没钱看病，父母把他放在南墙根底下就去干活，他是倚着墙根长大的。

到了上学的年龄，他用右手扶着右腿膝盖往学校一步一步地蹭。13岁那年，如水娘因病去世，家境更加困难，

△ 林秀贞经常去敬老院看望老人并赠送礼品

如水再也上不起学，就弃学捡破烂、补鞋。几年后父亲又去世，兄弟分家过日子，如水一个光棍日子过得更艰难了。

2002年春节刚过，秀贞来到吴如水家。她说，如水，你这么一个人过日子太苦了，咱家小厂子里需要人，你要不嫌钱少就去厂里干活吧。一天三顿管饭，一个月600块钱，你看行不行？吴如水当时听呆了，天底下哪有这样的好事？如水回过神来，说像我这样的人能干啥呀？秀贞说，你腿脚不行还有手呢，不试试咋知行不行？几天后，吴如水真的到厂里去上班了。

上班的第二年，吴如水来找林秀贞，说姐姐，俺找了个东北的对象，你看怎样？吴如水把情况学了一遍，秀贞说，好啊兄弟，你找媳妇姐姐支持你。如水说，人家说好的，得拿3000块钱买东西。秀贞说，不要紧，这钱姐姐出。秀贞说着，打开抽屉取出3000块钱递给吴如水。

秀贞有些不放心，又拽上丈夫朱金英，开车领着他们去登记。到县城以后，女方要求先去买东西，秀贞就跟着进了百货商场。那女人左挑右捡，最后一算账，4000 元，秀贞说，不要紧，还是姐姐给你拿。随手又掏出 1000 元。随后秀贞到民政局找熟人给二人登了记。登记出来如水又说，登记不能登空，登空不吉利。秀贞又返回商场代替女方给如水买了一套西服。秀贞花了钱陪了工夫，帮吴如水成了家。吴如水有了幸福的家庭，工作起来很带劲。现在他每年的工资收入在 5000 元以上，比一般的农民强多了。

→ 关于裴凤仙

★★★★★

　　裴凤仙说着自己到秀贞橡胶厂工作几年来的变化，脸上总是洋溢着幸福的笑容。说到进厂前的情况似乎有些羞涩。凤仙因患小儿麻痹症，双腿瘸得厉害，行动需要拄着双拐。地里去不了，家里活也干不利索。整天在院子里唉声叹气，觉得这辈子再也没有出路，活着有啥意思！

　　这天秀贞到凤仙家去，说请她到自家厂里上班。凤仙又喜又怕，自己这样的身体怎么能行呢！秀贞鼓励她，说她一双手挺利落的，准能行。凤仙抱着试试看的想法进了厂子。秀贞安排她干粘胶条剪胶袋的活儿，一个月下来，她就成了一个熟练工。第一个月凤仙挣了 300 多块钱。几个月下来，凤仙像变了个人似的，高高兴兴地上班，欢

△ 林秀贞和表弟给残疾人裴凤仙买拐杖

欢喜喜地回家。

　　凤仙说，进厂以后俺心里豁亮多了，原来在家憋着没有欢喜的时候，现在在厂里和大家有说有笑的；过去没有经济收入，现在一年能挣几千块；过去地里打的那点粮食，除了吃的，卖的那点钱不敢花，光留着买农药化肥什么的，现在敢花了，花完了下月还能有；过去丈夫一个人劳动，连一般常用的农具都买不起，房子破得没法修了，也不敢想翻盖的事，现在好了，今年花8000元钱买了一台十二马力拖拉机，明年准备盖新房子。

　　凤仙说，到厂子工作以后两口子关系也改善了。过去丈夫劳累一天，左右都是发愁的事，凤仙帮不上任何忙，丈夫整天没好气，现在条件好了，过日子劲头足了，两口子有说有笑，日子过得挺幸福；过去凤仙挂着双拐行动非常困难，常常为自己残疾的身体苦恼，现在摇着轮椅上班，早已忘了自己是个身体不健全的人。丈夫在人前再也不觉得娶了个残疾媳妇低人一等了。前些日子，秀贞看到凤仙的双拐不好使了，就花钱给她买了一副不锈钢的轻型拐杖，凤仙拄着这双新拐杖，走起路来利索多了。

→ 关于仇长胜

★★★★★

　　双腿伤残的仇长胜说起结识林秀贞的过程，更是有点传奇色彩。前年，长胜到县城参加一个残疾人会议，中午吃饭时和林秀贞坐到一个桌上了。二人攀谈起来。仇长胜是本县仇毛庄人，1965 年生人，是个光棍。由于身体残疾，种地不打粮，做买卖不赚钱，每年春节和别人搭伙宰两头牛，赚几个钱糊弄这一年。自己是饥一顿饱一顿，实在没法就到当村姐姐家混饭吃。吃了今，不想明，混一天算一天。

　　秀贞见他情绪低落，马上有了个想法。你到我厂里干活怎么样？管吃管住，你只要好好干，每月给你 500 元。仇长胜一听，世界上哪有这样的好事，马上一口答应下来。第二天就到秀贞厂子里上了班。仇长胜在厂里工作期间，有两次住院做手术。秀贞把他送进医院，还专门找了陪床的。仇长胜患睾丸肿大，必须手术，秀贞就请地区医院最好的外科大夫给做。住院期间，秀贞经常去看望，每次除买营养品外，还要放下几百元钱。

　　过了两个月，仇长胜的病又犯了，秀贞又赶紧安排住

△ 林秀贞经常给残疾工人传授生产技术

院。上次手术已切掉一个睾丸，医生说这次还要切掉剩下的这个。秀贞一听马上找大夫商量，大夫说不切不行。秀贞哀求大夫："求求您，想法给他留下这一个吧！要是切净了，不就废了吗？往后还怎么娶妻生子？"大夫被秀贞的真情打动了，研究了一个保守治疗的方案，经过努力，还真保住了仉长胜剩下的那个睾丸。保守治疗，难度比较大，秀贞很不放心，她白天忙碌，晚上必去医院看望，每天如此。

有一次深夜下大雨，仉长胜心想，贞姐可别再来了，这么大年纪了，摔个跟头怎么办？就在这时，门忽然开了，秀贞一手提着雨伞，一手提着水果走进来。仉长胜埋怨秀贞不该来，秀贞说不看你一眼，我一夜都睡不着。现在，仉长胜是橡胶厂的技术骨干，工作很负责任。下了班看看电视，下下象棋，活得津津有味。秀贞说，最近有点新苗头，仉长胜正偷偷筹备盖房子娶媳妇的事情。

→ 关于丁金才

★★★★★

景县王谦寺乡前油房村的丁金才，今年62岁，也在林秀贞的厂子里工作。他说："俺活这么大岁数还没见过这么好的一家人，没见过'贞姐'这么好的人。也没见过'老板'这样对待残疾职工的。"丁金才是厂子里年龄最大的职工，比秀贞大3岁，但他平时总是"贞姐""贞姐"地喊。说起来，中间还有个故事。

那是在1997年3月，老丁来到秀贞的厂子里，可只工作了三个月就得了脑血栓，住进了医院。秀贞和丈夫第一次去看望丁金才就带了1万元钱让他好好看病，嘱咐他不要心疼钱，一定要安心养病。此后不过三天秀贞他们准去看望老丁一趟，等老丁出院回到家中，也还是坚持几天跑一趟，看看病情怎么样，需要些什么。

这事让老丁很感动，本想出院后不再工作的他又回到了厂子里。等过年的时候，"贞姐"给他的却是全年的工资，一分也不少。老丁感动地说："像'贞姐'这样的人哪儿去找，搁别的厂子里，像我这种情况的，老板不辞退就不错了。"

……

秀贞待残疾人的事，工人师傅们最清楚不过了。她厂子里收了12名残疾人，个个都工作得很好。她和丈夫

△ 林秀贞在为老人晒棉鞋

一日三餐跟他们同桌吃饭，自己还总是抢着吃上顿剩的馒头；秀贞血压高，一忙起来就忘了吃药，可她却把残疾人的事记得清清楚楚，为了帮助听力残疾的刘希田、刘恒茂，秀贞专程去石家庄为他们买来助听器；她想残疾职工身子单薄怕冻，每年冬天，车间里的暖气总是早早地点，而秀贞的办公室，这个时候还是冰冷冰冷的……

触中，巧稚便能够与她直来直去地说话了。那时候，北平城里已经开始弥漫着慌乱的气氛，许多人都在暗中做退步抽身的种种打算，傅太太问巧稚日后做何种打算，巧稚没有回答。傅太太便告诉巧稚说，她在南方有几位很有实力地位的朋友，如果巧稚想去南方的话，她可以写信给那些朋友，让他们出力资助巧稚开办一所妇产科医院。巧稚听了，只是微微地笑了笑，没有点头，也没有摇头。

不久，林巧稚亲自为这位傅太太接生下了一个大胖小子，傅将军和傅太太自然是满心的喜欢。出院之后，还经常打发人来看望巧稚，一再地向她表示谢意。他们也曾多次邀请巧稚到府上去坐坐。在围城的时候，傅家还打发人给她送来机票，让她避开可能发生的战火灾害。当然，这一切好意，巧稚都婉言谢绝了。

一天傍晚，寒冷的西北风吹落了昏暝的暮色和蒙蒙的沙尘，让人们伴随着凄冷走进了令人心神不宁的黄昏。巧稚刚从协和医院走回家来，还未等她喝杯热茶暖和暖和身子，房门就被推开了，他的侄子林嘉通走了进来。他是燕京大学毕业后留学任教的，1941 年被擢升为教务长，成为校长司徒雷登的一个得力助手。太平洋战争爆发时，司徒雷登没有及时地从北平撤走，做了南冠楚囚，在日本人的监狱里待了五六年。嘉通也因为在这个学校担任要职的关系，被日本人关押了五六个月。一遭被蛇咬，十年怕井绳。这次北平刚一吃紧，司徒雷登便急匆匆地坐飞机跑到南京去了，丢下林嘉通在那里为他守摊子，嘉通自觉心里没底，便进城来找姑姑给拿主意。

"三姑，走吧！美国人支持蒋介石打共产党，共产党能不恨美国人吗？我给司徒雷登先生当助手，如今他先跑了，让我在这里顶着，等共产党来了，还不是拿我问罪？"嘉通手中捏着呢子礼帽，心神不安地站在姑姑面前。

"怎么，你想要走？往哪里走？"巧稚惊讶地问。

"到美国去！司徒雷登校长临走时一再叮嘱说，如果在这里待不下去了，你就到我们美国去，此外还有你的姑母林巧稚大夫，我们美国会欢迎你们的！所以，我今天来就是想和三姑商量，我们是否就一道到美国去？"

"我们一道走，到美国去？"巧稚讷讷地重复着这几个字，就像背诵着两个无法理解的生词。她沉吟了好久，最后终于神色凝重、一字一板地说："我是个医生，是个中国大夫，我还是那句话，科学可以无国界，科学家却不能没有国界！我是永远不会离开中国的！"

嘉通犹豫不定，用手不断地转动着礼帽："这我理解，可是我总是放心不下。再说，我和你们又不一样，你们做医生的总还好说，我这个教务长，就怕难说了！"

"你怕什么？你既与国民党无亲，又与共产党无仇！美国人办的学校，不也是上课、读书、教学生嘛！"巧稚望着嘉通说。

后来，嘉通听从了姑母的劝告，没有去美国。上海解放后，他到上海的一所教会学校里继续任教。

1949年2月3日，古老的北平透进了嫩绿的春色，透进了金灿灿的阳光。人们都喜气洋洋地走上了街头，敲锣打鼓，鸣放鞭炮，热烈欢庆北平的解放，热烈欢迎给他们带来新生曙光的人民解放军。

可是，在那片暗绿色檐瓦覆盖下的协和医院里，却依然寒气逼人，死一般的寂静。那些心怀不善的美国人在临撤走的时候，还向人们散布说："共产党能够开进北平，却开不进这协和医院！"协和的医生们都困惑不解地望着窗外，望着窗外生机盎然的春天。

迎来的是怎样的一个日月呢? 巧稚想要去看，也暗中在想，可是她又想象不出。半生的忧患和在浊流里的沉浮，使得她那感受外界政治空气的器官已经麻木，她总是竭力把自己禁锢在凭自己的理念所筑起的贝壳里。她向人间无所求，唯让自己洁身自好，竭尽一个医生的天职。可是这次她没有把那扇小小的窗门随手关上，因为她觉得户外的阳光实在是太温柔了，空气实在是太新鲜了，她也想把屋子里入冬以来就锁住了的晦暗和潮湿的空气，设法调换一下。

5月的一天，红霞绿柳，白云蓝天。北京饭店里高朋满座，盛友如云，北平各界知名人士都被军管会的领导同志邀请到这里，畅谈今昔，抒发情怀。巧稚也手持着一个大红烫金请柬，随着人群走进宴会厅里。她沉静文雅地选择了一个僻静的席位坐下，默默地对着自己眼前那只琥珀色的酒杯。席间人们座谈着什么、议论着什么，她几乎全然没有听进去，觥筹交错，宾主寒暄，并没有引起她多大的兴趣。她心里想着的，还是她病房里的几个病人。只是在一个随意的机会，她抬头向席上主人的位置上望了一眼，记住了主持会议的是北平军管会主任叶剑英同志。

　　10月1日开国大典前夕，她又接到了一份大红烫金的请柬。请柬在她的双手中颤抖，她想象着，她——一个医生，登到那不敢想的高位置上去观看举国欢庆的盛典，这意味着什么？她感到惶惑不安、不知所措。因此，她不敢轻易地迈出这一步。她把那请柬看了又看，终于下定决心，庄重地把它珍藏起来。在10月1日金水桥前热浪翻腾，北京城里万巷皆空的时候，她却把自己关在办公室里，细心地翻阅和填写着新近住院的几个人的病历。

　　开国大典之后不久，正当人们沉浸在欢乐的海洋之中时，10月27日北京市政府却接到了一份紧急报告——一股传染得很厉害的鼠疫突袭北京。以彭真同志为首的市领导立时披挂上阵，发出了一连串的紧急动员令，医务界的人全部开赴前线，誓同瘟疫进行一场殊死的斗争。

林巧稚作为一名白衣战士，积极地投入到这场虽没有硝烟炮火，但却依然危险万分的战场。她好像年轻了许多，也感到新的社会秩序正在为她开辟着广阔的天地。到处都可以遇到互相协作的人们，不见过去遇到这种灾难时的愁眉苦脸，人人都充满着必胜的信念。

鼠疫扑灭了，市里又为人们接种牛痘。对于6个月至8周岁的儿童，一律免费注射白喉预防针。林巧稚和她的同事们昼夜不停地忙碌着，她在奔忙中得到了从未有过的快慰。她高兴地看到，人民的健康，妇婴的健康，已经列入政府的工作日程表上去了！人民的利益，成为政府考虑一切问题的核心和出发点，这是过去从来未有的事。身边所发生的这一切，都在不断地驱散着她心中的迷雾，她开始认识到她过去从未认识到的事情。

一天，她在门诊室里值班看病。

"请坐。"她对向她走来的一位身穿灰布列宁服的中年妇女示意，来人微笑地点了点头。她那朴实的装束和发式，以及大方而又谦和的举止，立即博得了巧稚的好感。她详细地询问着病情之后，为她做了例行的妇科检查。

"你以前生过孩子吗？"巧稚认真地问着。

"很多年前曾经生过一个小男孩。"那个妇女轻声地告诉她，那是在 1927 年的广州，当时环境恶劣，为了避开敌人的搜捕，她只能在一个很小的医院里找一个护士来接生。孩子生下来了，有 9 磅多重，胖胖的很招人喜爱，可是由于当时的医疗条件太差，孩子生下不久就病死了。后来，由于环境更加恶劣，要行军打仗，长途跋涉，身上落下了病根，而当时正在行军路上，工作又是非常的繁重，没有条件去医治，从此她就失去了做母亲的权利。

巧稚仔细地听着，正在写病历的笔顿住了，不由得向坐在自己面前的这位女性投去钦佩的目光。多少年来，坐在她对面的多是些为自己的病痛而呻吟的人，而今天却是一位为了理想、为了事业，不怕千难万险，甚至牺牲了个人一切的女人。身患疾病，却没有丝毫悲怨。她与那些太太小姐们，有着何等的不同啊！猛然间，她对于那些从斗争中走过来的人群，似乎有了新的理解、新的认识，在感情上增添了新的倾注。

她亲切地注视着那位中年妇女说："你以后再来看病，就不要挂特约号了，挂普通号能比挂特约号节省 10 倍的钱，我每周二、五为普通号的门诊病人看病，你同样能够找到我的！"那位中年妇女微笑地点了点头。

那人走后，有位同事走过来对她说："林主任，你知道方才那位身穿列宁服的人是谁吗？"

"我知道，那是共产党里的干部，一位了不起的女性！"

林巧稚以赞美的口气说。

同事告诉她："那是全国妇联副主席邓颖超同志！"

巧稚惊讶地站起来："谁？谁？她就是我们国家总理周恩来先生的夫人！"她用手敲着自己的额头，懊悔地说："我真粗心，我真粗心，我竟向她提出了批评的意见！"

第二天，林巧稚接到了邓颖超同志打来的电话："林大夫，谢谢你给我看病，谢谢你对我的关照……"巧稚紧握着电话，一句话也回答不出来。几十年来，她给多少社会地位很高的夫人、小姐们看过病、接过生，但是从来没有见过这样

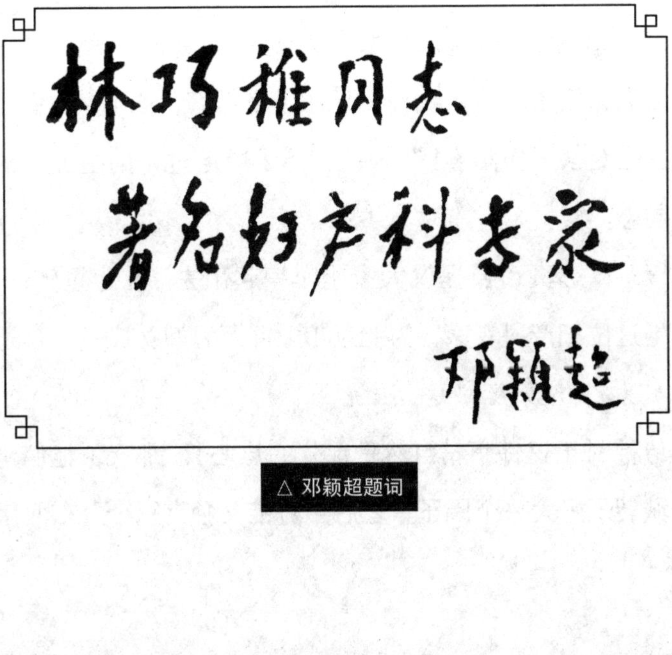

林巧稚同志
著名妇产科专家
邓颖超

△ 邓颖超题词

的夫人，这样的女性！

不久，她又被请到彭真市长家里去做客。

一天，一辆小汽车接她到一位姓张的病人家里去出诊。谁知汽车刚一停下，迎上来打开车门的，竟是前几天给大家作报告的彭真市长。她的病人张洁清女士，笑眯眯地站在市长的身旁，后边还有卫生部副部长傅连暲同志。巧稚疑惑不解地看着张洁清说："你——"

张洁清忙上前握住她的手，向她介绍说："这就是你问过我的，我的先生老彭！"这时在场的人都哈哈大笑起来。

巧稚有些不好意思了，不知该说些什么好，憋了好半天才说："哎呀，你怎么不早跟我说？你们这些人呀！上次我把邓大姐当做了一个普通的干部，还向她提了意见！这回你，又不和我打招呼，这叫我说什么好呢？住院期间，我们病房可把你怠慢了！"

"哪里的话？你对谁都那么认真负责，我回来就一直地念叨你。老彭听了就非叫我请你到家里来做客，这不，我们还现请了一位专家来作陪客！"她用手指了指走过来向她握手的傅连暲同志。

饭后，彭真市长提议大家坐车一起出去，在市里转一转，并请她这位妇产科专家，为北京市上百万的妇女找一个合适的地方，建立一座妇产科专门医院。

巧稚对于这件事情自然是十分的热心了。那天，他们坐车在全城转了好大一个圈子。之后，巧稚又独自一个人东西南北城地转了多少次，最后终于在故宫的东侧、离王府井不远的一条名叫骑河楼的小街上，选定了一个最为理想的位置。根据她的建议，果然不久就在那个地方建起了北京市第一家专为妇女开设的北京妇产医院。

→ 医生、女人大代表

★★★★★

1954 年 9 月 15 日，1200 多位人大代表从祖国的四面八方，齐集到像花园一样灿烂夺目的北京来。群英荟萃，济济一堂，人们满怀着火一样的热情和闪光的理想，用激动得发颤的手拉开了第一届全国人民代表大会的帷幕，共同商讨着我国的第一部宪法和发展国民经济的五年计划。华灯初放，满堂生辉，柔和的灯光照映着代表们一张张兴奋异常的笑脸。在这 1200 多位人大代表中间，

黎明后，她精湛医术怒放出鲜艳奇葩

有一个身穿乌绒底儿散落着金丝菊花旗袍的女人。她鬓角斑白，但是精神矍铄，容光焕发，在鼓掌和欢笑时是那样的明朗爽快，活跃敏捷，就跟一个年轻人一样，她就是我们的林巧稚大夫。

在这次会议的前后，她又被推选为北京市民主妇女联合会的副主席、全国妇女联合会的执行委员。现在，林巧稚已经不仅仅是一个医学界的专家教授，而且成为了一位社会活动家。这样巨大的变化连她自己都不敢想象，都无法理解。从前她曾发誓要让自己的技术远远地脱离开政治；而今天，她竟会十分愉快地一步步走上政治舞台，她自己也感到惊奇。多么大的变化呀！

在那次人民代表大会上，在那轩敞宏阔的大会议厅里，她走上了庄严的讲台，并发了言。她讲的全是有关妇女儿童健康方面的一些平平常常的事，然而就是那些顶天立地的男人们听到了也感到很有兴味，引起了他们不可等闲视之的责任感。她在发言中说道："在工厂里，对于机器设备需要爱护，这是很明确的，也有了一整套办法；但是对更为宝贵的生产力——工人的健康的关怀和重视却还是不够的，还缺乏一套办法。因此，我们除了要求各级工业部门或单位的领导要重视这个问题外，还必须在工人中间大力开展卫生宣传工作，利用各种方式，如教育影片等形象化的方法，来强调说明，爱护工人健康是保证生产的重要前提。"

她向人民代表大会提交了一份提案，要求以后要定期地为厂矿企业的妇女进行普遍的体检。会后，她立即行动，率先示范地亲自带领协和妇产科里的医生，到东郊国棉一厂去给女职工们做体检。

林巧稚的名字，在我们六亿多人口的大国里，知道的人越来越多，因此从全国各地，甚至远从国外来向她问病求医的信件，便像雪片一般地飞来。每天都有，少则一两封，多则十来封。她是有问必答，有求必应的，不管有多么忙，有多么累，她从没有拒绝，也从没有破例。

一年秋天，巧稚收到了一封由内蒙草原寄来的信。写信的人满含着忧伤，信纸上留着斑斑泪痕。她是一个已近中年的妇女，不幸的命运使她伤透了心，流尽了泪，精神上产生了一种难以抵御的恐怖。她怀着绝望中仅有的一点希望，给林巧稚写信说：

林巧稚主任：

大家都知道您是全中国有名的一位妇产科专家，我和我的爱人、我们的全家向您求救！我是怀了第五胎的人了，前四胎都没成活。其中，后三胎都是出生后发黄而死去的。现在，我又怀了第五胎了，我们全家向您呼救，希望您伸出热情的手，拯救这个还没有出世的孩子吧！

从来信中所讲的病情来看，稍有临床经验的大夫一眼就会看出，那是十分可怕的新生儿溶血症。那时的协和医院，还没有治好这种病症的先例，国内其他医院也没有什么有效的治疗方法。这是一种绝症，不治的绝症！

巧稚看过信后心情很沉重，对于这个可怜的母亲真不知应该怎样回答她才好。自己被人称为妇产科专家，但是在许多恶疾面前却是一筹莫展。一个遇难者向她发来的呼救声音，虽然震撼着她的心，但是她只能是同情、惋惜，只能是无可奈何、爱莫能助。这真使她伤透了心。为此，她常常是一整天一整天地关在图书馆里，在那浩如烟海的国内外图书文献资料中寻寻觅觅地探索追求，希望在哪条行间字缝里能够得到一点开导和启示，觅得到一点晨曦的亮光。然而，她失望了！人类认识的掘进器，到目前为止还没有挖开这一块土层，还没有把握住治疗新生儿溶血症的治疗方法。有的国家用静脉换血的方法治疗过，但是失败了；有的国家换血虽然成功了，但也只是暂时地拖住婴儿的生命，不久还是死亡了；有的国家甚至在给溶血儿换血的过程中，婴儿就停止了呼吸……

因此，她一直没有给那位妇女回答，最后竟然让秘书写信告诉她，这是到目前为止还没有解决的疑难病症，劝告她不必长途跋涉地到北京来了。但是不久，那位倔强的母亲还是回了一封信，说：

林主任：

　　请您救救我的孩子吧，救救那个即将诞生而又即将死去的小生命吧！我也知道这是很难的，我只是希望您能伸出一只手来，把死马当做活马来医，治不好我们也绝不会埋怨您。我们怎么会对您这样一颗善良的心埋下什么不敬的影子呢？无论结果怎样，我们全家都会永远地、永远地感激您！

　　巧稚从来信中知道，来信人是草原上的一个会计，一个普普通通的财务工作人员，她的每一声祈求、每一声呼救，都是一个母亲向医生们提出来的正当要求。她没有更多的奢望，只求有一个她所信任的人，在她危急的时刻向她伸过手来，拉她一把，哪怕是不能把她从痛苦的深渊里拔出来，她也死而无怨。以后，她就是在这深渊里挣扎一辈子，她也不会忘记当时援之以手的人。谁会忘记在危难之中不可多得的援助呢?

巧稚被深深地感动了，她曾被那么多的妇女，那么多想做母亲的妇女投以期盼的目光，今天她能冷漠地避开这位极想做母亲的妇女的目光吗? 她最后咬紧了牙关做出决定，决心要为这个在苦海边上绝望的人伸出她能够伸多长便伸多长的援救之手。

经过了几个不眠之夜，巧稚在国内外全无先例医治这种绝症的绝路中，拼命地披荆斩棘，舍命探寻，为那位决心要做母亲的妇女找出一条狭窄难行的小径来，于是她又让秘书为那位草原妇女写了信，让她赶快到北京协和医院来。

孕妇心中的痛苦和恐惧，是无法诉说的。她来到了协和医院之后，逢到医生就问:"高明的大夫，你们能够告诉我吗? 为什么一个个刚生出来的孩子，好端端的，一眨眼的工夫就布满了紫斑，可怜巴巴地死去了呢? "

巧稚望着她茫然惊恐的眼神，拉住了她的手说:"你先不要着急，也别过分地担忧! 我们一定要尽最大的力量把你腹中这个孩子的生命保住，我们已经商量了一些办法，大家也都下了这个决心! "

孕妇深深地吸了口气，她的心略微感到轻松了一些，眼角上含着晶莹的泪花。

事情当然并不是那样简单，具体的情节和其中的危险，巧稚都没有对这位产妇细说，她也不能够细说，因为那样会更加重她的心理负担。事实上，巧稚为了迎接这场惊险，已经做了大量的工作，她请来了在京的许多有名的专家学者，开了一系列的会议，反复地磋商研究，共同商定了一个抢救的方案。他们准备用脐静脉换血的方法进行抢救，一边抽出病儿体内含有抗体的不好的血液，一边输进新鲜的血液。问题是抽血与输血速度、数量和次数，应当掌握在怎样一个火候上，到目前为止还都是一个没有得到解决的难题。国外报道的多次换血失败的病例，就是因为没有很好地掌握住这些关键问题。换血的速度过慢，不能中断含有抗体的不好血液在病儿体内的继续循环；换血速度过快，病儿的心脏和各种生理器官都承受不了这种压力。这些尖端性的难题，仍然像冰山似的挡在巧稚他们前进的路上。

清晨 5 点 50 分，婴儿降生了，一切都在巧稚的意料之中；一个重 2900 克的小男孩诞生了。胎儿娩出后产妇的宫缩很好，出血也不多，会阴处没有撕裂，血压和脉搏都很平稳，一句话，产妇一切正常，处于良好的状态中。现在，剩下的问题就是孩子了。

人们的眼睛，都转注到那个细嫩的小生命身上。他，怎么样了呢？有什么不测的风云在等候着这个刚刚踏上旅程的小生命呢？

可怕的灾星到底是找上门来了！没过3个小时，新生儿的肢体就开始发黄，粉嫩的小脸也被这种死亡的颜色给笼罩住了，而且弥漫的速度很快，中午时候，婴儿身上的黄疸色素便已发展到令人摇头的程度了。血液化验的结果是：Rh 阳性，含有抗体，胆红素很高。生命危急！协和医院的大楼内外不断地传出呼救的信号。

按照原定计划，12 点钟左右应邀的专家学者都汇集到协和医院妇产科来：有病理学专家胡正祥、内科专家张孝骞、儿科专家诸福棠、秦振庭、周华康（他是林巧稚的侄婿，二人曾合伙开过"林巧稚诊疗所"），还有妇产医院的大夫李璧夏等。人们看了看病历和化验单，心情都很紧张。巧稚又问护士："现在孩子的情况怎么样？"护士长回答："除了胆红素继续增高外，其他还比较稳定，吃奶和睡觉也还正常。"

巧稚掏出手绢擦了擦额头上的汗珠，环视了一下在座的各位专家学者后说："各位专家教授，我感谢诸位的大力支持！大家都有个共同的愿望，希望能在治疗新生儿溶血症上有个良作岗位，有的还结婚成了家。到现在为止，他们中的大多数还不知道曾经有过林秀贞这么个大恩人。

贞姐资助的第一个学生是她儿子的同学。那是 1993 年，这个孩子考上了石家庄的一所大学。当他拿到录取通知书后，高兴得又蹦又跳。可是他家实在太穷了，父亲得病去世，母亲自个儿带着五个孩子过日子，还养活着常年卧床不起的姥姥，日子过得非常艰难。5000 块钱的学费对他家来说，可是个想都不敢想的数字啊。当天晚上，他母亲愁得一夜没睡着。

这个孩子上中学的时候，贞姐就经常接济他。儿子回家后，就把这事儿跟贞姐说了。这一次，贞姐一听就犯起了愁，自己家也不富裕，一下子拿出这么多钱，也不是一件容易事；可要是交不起学费，就耽误了孩子一辈子的大事！贞姐拿定了主意，无论如何也得帮帮这个孩子。第二天一起来，就找亲朋好友，东借西凑，再加上家里的积蓄，终于凑齐了5500 块。为嘛多了 500 块呢？贞姐想得周到，5000 块钱是学费，500 块钱当生活费，不能让孩子到学校饿肚子吧？

当天晚上，贞姐就把 10 块的、5 块的、1 块的钱凑了鼓鼓囊囊一书包，然后就给送过去了。进门说明来意，孩子的母亲激动得两手直哆嗦，"扑通"一声就给贞姐跪下了，说："秀贞，你就是孩子的再生父母啊！"贞姐赶紧把她扶起来说："快别这样，谁家没有困难，孩子考上大学不容易，我帮帮忙那是应该的……"她的话还没说完，孩子的母亲一把抱住贞姐，放声大哭。

贞姐邻村有一个贫困户，从 1994 年开始，三个孩子先后考上了大、中专学校。一家飞出三个"金凤凰"，按说是个高兴事。可是，孩子的父亲常年有病，母亲也有高血压、心脏病。靠着家里那几亩地，怎么能供得起三个孩子上大学呀？贞姐早年在乡里工作时，在这个村住过，对这个家庭特别了解。从这家第一个孩子考上大学开始，她就铁了心要帮这个家。前两个孩子每逢收到录取通知书，她就送去 3000 块钱。第三个孩子考上学的时候，第一个孩子已经参加工作了，她就少拿了一点。资助的钱都是直接交到孩子家长手里，并再三说明不要告诉孩子。现在这三个孩子都完成了学业，走上了工作岗位。有一天早上，贞姐和她表弟坐车路过这个村子，走到村头听见一片哭声，停车一问，原来是这三个孩子的母亲去世了。贞姐一听，赶紧和表弟掏光了衣兜，凑了300块钱，赶过去送到这家的大儿子手里。安慰他说："孩子，这点钱我知道不够用，你先救救急。要是需要，大娘再给你送来。"三个孩子一听，泪流满面，喊了一声"大娘"，就再也说不出话来。

这些年，无论是记者采访，还是上级领导过问，贞姐从来不说这些孩子的姓名。经我们再三追问才知道，原来贞姐资助的第一个学生，来过一封信。在信中，这个孩子一是感激贞姐对他的资助，二是让贞姐保重身体，三是求贞姐，这件事千万不要让外人知道。怕传到学校让人小瞧。被资助的孩子竟然背上了思想包袱，这是她没有料到的。她说，农村的孩子考上大学不容易，咱帮他一把，是为了孩子有个好前途。咱不图回报，可不能让孩子背着思想包袱呀。从此贞姐与我们约法三章：这件事只能你知我知，不能让别人知道。

再说前年吧，我和李宝义校长给贞姐联系了一个需要资助的孩子。当贞姐把钱交到那孩子的父亲手里时，再三嘱咐这事儿，可不能让孩子知道。后来，那个孩子的父亲过世了，有一天，李宝义试探性地问孩子："你知道你是怎么上的学吗？你爹和你说过什么没有？"孩子惊讶地说："没有啊。"我们一看这孩子至今还蒙在鼓里，就赶紧把话岔开了。

1987年6月份，眼看着汛期就要到了，南臣赞村小学的两个教室房顶子，有好几处露着天。对此，我们看在眼里，急在心上，我们多次找到村委会协商，当时村里也没有集体收入。怎么赶在雨季前把房子修好，可把我们愁坏了。

那天，我们刚巧碰上贞姐。她见我们一个个发愁的样儿就问怎么回事，我们给她一说。没想到，她二话没说，回家就拿来了2000块钱。还说，要是不够用，再说话！这钱可是救了急了。我们赶紧请来民工，只用三天就把屋顶修好了。

那年春节，南臣赞村在学校里召开村校联谊会，贞姐也参加了。联谊会结束后，校长领着她到各个教室转了一圈，当时是想让她看看那屋顶修得挺好，让她高兴高兴。可是转完了她就对校长说，该给孩子们换个像样儿的课桌啦。当时70张旧课桌，上面铺着破板子，下面用砖支着。我们说，村里和学校里都没钱，等等再说吧。话音刚落，她就让校长合计起来，需要换多少张桌子，用多少钱。两天以后，她就把 3000 块钱送来了。就这样，寒假一开学，学生们就全部用上了崭新课桌。

说实话，贞姐在当时能拿出这 5000 块钱来，太不容易。因为她创办的玻璃钢厂刚刚起步，资金周转特别困难，连买原料的钱都是靠贷款或是向朋友借的。

我们想，贞姐这么实心实意地帮助学校渡过难关，怎么感谢她呢？中心校和南臣赞小学就给她送去了两块镜匾，一块写着"捐资助教，无上光荣"，一块写着"慷慨解囊，造福桑梓"，我们亲手给她挂到了墙上。过了几天，我们再到她家串门，发现墙上的镜匾不见了。我们就问她，匾呢？她跟我们说，孩子们的学习环境改善了，我就高兴了，都乡里乡亲的，咱不挂那个。

这就是林秀贞，用她的无边大爱默默地托起了明天的太阳！

残疾人说秀贞

我叫吴如水，是河北省衡水市枣强县宏达防腐公司的一个工人。这个公司是贞姐开的，加起来总共有 20 来个工人，这里头就有 8 个像我这样的残疾人。说起来你们也许不信，我们这 8 个人全都是贞姐主动上门请来的。是贞姐菩萨般的心肠，让我们过上了好日子，活出了好滋味。

就拿我来说吧，1 岁多点儿就摔断了腿。当时家里穷，没钱看病，最后落下终生残疾。那时早晨从炕上一爬起来，浑身疼得直打哆嗦，站都站不住。后来去邻村上学，我拿手扶着左腿的膝盖，一点儿一点儿往前挪。回到家，

脚和腿都肿老高，我娘心疼地流着泪给俺拿热水烫脚。那时候老想，这苦日子啥时候是个头啊。

更不幸的事还在后头，过了几年，我娘和我爹先后去世了。丢下我们姐弟几个过日子。我上不起学，初中没毕业就捡破烂、补鞋，有时一天能挣两块三块钱，有时一块也挣不到。后来大了，和兄们分开过了，剩下我一个人，真是穿的不像穿的，戴的不像戴的，觉得混一天少一天。

后来，是贞姐把我从苦日子里救了出来，让我能挺起胸脯做人，过上了想都不敢想的好日子！

记得那是 2002 年春节刚过，贞姐来到我家，说："兄弟，你这么着一个人过日子，太苦了，去咱厂子里干活吧，一天管三顿饭，一个月 600 块，你看行不？"我当时一愣，问："像我这样的，能干啥？"贞姐说："你腿不行还有手呢，不试试，怎么知道自己不行？"后来，我就去贞姐的厂子里上班了。干了两年多，攒了点钱，还翻盖了新房。

过了一段时间，就有人给我介绍对象。我对象说，4月16日这天是好日子，咱登记结婚吧。头天晚上可把我愁坏了，按当地的风俗，登记那天得给女方送彩礼，可我盖房子只剩了 300 块钱，怎么办啊？我前思后想了一夜，第二天走了两家没借着，没办法又推开了贞姐的办公室的门。我不好意思地说："姐，我有个喜事，也是个难事。"贞姐停下手中的活说："有嘛难事儿，兄弟你说。"当听到我娶媳妇缺钱时，她笑着从椅子上站了起来说："哎，兄弟，这可是个好事呀。你怎么不早说？"说着拉开抽屉拿出 4000 块钱塞到我手里。接着她又问："你们怎么去县城呀？"我说正想办法呢。她爽快地说："干脆我拉你们去吧，省得麻烦别人了。"

贞姐拉着我俩高高兴兴地进了县城。到了商场，贞姐不让我多说话，拉着我对象的手又买衣裳又买首饰，还说，闺女，你喜欢什么咱就买什么。接着她又跑前忙后帮我们办了结婚证。

2004年4月16日，我一辈子也忘不了这一天！这天，我登了记，结了婚。晚上，几个弟兄买了酒和菜为我祝贺，我心里很不平静。我这个两腿残疾的人能结婚，想都没有想到，恐怕我父母也没敢想过。这一切全是贞姐给的！没有贞姐，就没有我吴如水的今天！贞姐，你的大恩大德，我一辈子也忘不了！

在贞姐的厂子里，还有7个和我一样的残疾人，现在都过得美滋滋的。有一次我问贞姐，你把我们接到这儿，不是个累赘吗？贞姐笑着说："兄弟，你怎么说这个，看你们过得好，我心里就舒坦了。"我听了心里热乎乎的，贞姐，真是天下难找的好人啊！

2003年，贞姐去县城参加助残会，碰见了邻乡下肢残疾的仇长胜。当知道他打光棍、生活比较困难时，就说让他到厂子里上班，一个月600块。仇长胜高兴得一夜没睡着，第二天早早地就来了。在厂工作期间，他两次得病做手术，都是贞姐花钱把他送到医院治疗，还找人伺候着。每天晚上贞姐还要去医院看望他，哪怕是出远门回来，再累也要去。有一次深夜下大雨，仇长胜心想，贞姐今天可别再来了，这么大年纪了，摔个跟头可怎么办。就在这时，门忽然开了，贞姐一手提着雨伞，一手提着水果走了进来。仇长胜强忍着眼泪说："贞姐，这个天您怎么还来啊。"贞姐笑着说："不来看你一眼，我一夜都睡不着啊！"

聋哑女工裴站贞也是贞姐请来的，尽管她听不见，说不了话，但贞姐觉得她能自己养活自己，现在，她也能自食其力了。每当我们与她比画贞姐时，她就会一个劲点头，还高高地伸出大拇指。刘合龙、刘合森兄弟俩，小时得病打针打成了聋子。贞姐把他们请来，还给他们配了助听器。

我们8个残疾人，自打进了贞姐的厂子，就觉得找到了依靠。谁缺钱花、谁生了病、谁该找对象，等等，贞姐都替我们想着；就连家属和孩子病了，贞姐都跑前跑后。

裴凤仙也是腿有残疾。没来厂子之前，整天拄着双拐在家唉声叹气，

△ 林秀贞给残疾职工裴凤仙买来电动车

觉着自己是废人，活着没意思。上班后，第一个春节，她拿自己挣的钱给儿子买了一身衣服。看着儿子高兴的样子，她却哭了。她后来跟我们说，她儿子从来不讲吃穿，以前穿的衣服都是他爹的旧衣服改的，现在孩子都19了，才第一次穿上当娘的给他买的新衣服。

今年3月8日晚上，贞姐外出，车开到衡水到了高速路口，突然接到电话，电话里裴凤仙吞吞吐吐地问："贞姐你在哪儿？"贞姐凭直觉判断，她可能出事了。就说："你有什么事，快说。甭管我在哪儿了。"她说，她腿摔断了。贞姐一听说："千万别慌，我马上就到。"立马让司机掉头往回赶。贞姐想，本来她就残疾，男人又在外打工，我不管她谁管呀？当裴凤仙看到赶来的贞姐时，两行热泪流了下来，嘴张了几下，竟没说出一个字来。这时，贞姐叫人急忙把她抬到车上。拉到武邑县骨科医院，治疗完后回到家已是夜里2点了。出院后贞姐让她在家休息，并按月开工资。她说，这钱我不能要。贞姐说，你正用钱，别想那么多。

贞姐对我们几个残疾人照顾得非常周到。刚开始，我们住二楼宿舍，上下不方便。贞姐便把一楼的办公室腾出来让我们住。怕夏天晒，就在门前搭上抱厦。屋里起先安的电扇，后来又给装上了空调，可她家里的空调两年后才安上。冬天为了把暖气烧热，贞姐给三个宿舍各买了一个采暖炉，这样屋子里暖和，一个冬季下来每个炉子烧两吨煤。村里人说，她家的厂子快成疗养院了。

尽管我和大家一样喊她姐，可在我心里一直把她当娘看。是她给了我温暖和力量，是她给了我勇气和信心，是她给了我自信和坚强！

在我们这个家，贞姐支持我们学文化、学技术，鼓励我们自强不息，靠双手改变命运。前不久，我专门买了一幅书法，就两个字：拼搏！用来激励自己努力奋斗，做一个对社会有用的人！

书记说秀贞

我叫陈国强，是衡水市枣强县王常乡党委书记。林秀贞是我们乡南臣赞村一名普普通通的共产党员。这些年来，我亲身感受了林秀贞的无边大爱，亲身领略了她平凡而伟大的人格魅力，亲身体会了一个优秀共产党员的榜样力量。

贞姐靠自己的微薄之力，义务赡养了6个与自己毫无血缘关系的老人，资助了17名贫困农民的孩子上学，安排了8名残疾农民在自己的工厂就业，还为乡亲、为他人办了那么多的好事。而且这一干就是30年。这30年，贞姐到底吃了多少苦、受了多少累，咱们想一想就知道。可贞姐却说："那算什么啊！别人幸福了，我这心里就舒坦。"

第一次感受贞姐，是我刚到王常乡工作后不久，那年，我到各学校去检查校舍情况。来到南臣赞中心小学，校长李宝义指着教室房顶子说，这是林秀贞捐钱修的。又指着教室的课桌说:"这是林秀贞给买的。"走到大街上,他说,这水泥路也是林秀贞带头修的。听了校长的介绍,我不由得对贞姐充满了敬佩之情,就非常想亲眼见见这位大姐。

在李宝义的引导下,我来到了贞姐家。一进门,看到的是满院子晾晒的尿布。进了屋,见贞姐正在伺候一位躺在床上的老人。李宝义把我介绍给她,她忙着说:"大兄弟,请你先到屋外坐着,等我忙活完了咱们再说话。"我们看着她为老人撤换尿布,擦洗身子,弄得满头都是汗。见到她那个认真劲儿、忙活劲儿,我们不由自主地帮她递尿布、倒脏水。收拾完后,李宝义说:"抽棵烟驱驱味吧。"没想到李宝义刚一点火,贞姐急忙过来拦住,说:"可别把老人呛着了。"我心想,这贞姐可真够孝顺。等坐下后说起话来,才知道她伺候的是本村的孤寡老人朱淑芬,并且和她没有血缘关系。当时,我的心头一热。说实话,咱对自个儿的爹娘能做到这样都不易,贞姐可是对别人哪。

她的善举深深地震撼了我,她为孤寡老人、为残疾人、为贫困学生、为乡亲献出了无私的爱;她这是在为党聚德、为人民积德,这体现了一个普通公民的责任意识,体现了一位普通党员的先锋意识。她就是我们身边德比天高的大好人,她就是我们身边的优秀共产党员!

30年来,贞姐默默无闻地做了那么多的好事、善事,可她从来不让人向外宣扬。这个先进典型从发现到树立,走过了一个漫长的过程。

10年前,乡宣传委员杨光与民政人员到南臣赞村调查五保户的生活情况,村干部说,俺们村的孤寡老人都让林秀贞赡养起来了。宣传委员就找到林秀贞想采访宣传一下她如何做的事,没想到她说什么也不同意。她说,我本来就怕老人心里不踏实,再登报一宣扬,更怕老人见外了。两年后,县里要选树一批精神文明之花,乡宣传委员又动员贞姐把事迹说出来,杨光说:"大姐啊,你一个人尽了这么大的努力,才赡养了6位孤寡老人,可你知道咱们乡、咱们县、咱们全国有多少孤寡老人吗?如果把你的事迹和精神宣传出去,会有更多的人向你学习,要是全社会的人都来关心照顾孤寡老人、弱势群体,那该多好啊!"听到这些,贞姐连声说:"别急、别急,让我再想想。"她跟丈夫考虑再三,才最终答应下来,但恳切要求，咱做了一件事就说一件事，做了半件事就说半件事，不能有丝毫的夸张，就是到猴年马月也要经得起检验。

我们总结了林秀贞的先进事迹，在全乡大力宣传。她的精神感染带动了全乡干部群众。乡亲们向她学习，团结友爱，和睦相处；个体企业主向她学习，热心公益，回报社会；党员干部向她学习，心系群众，为民谋利。我们王常乡的乡风和村风更加和谐。

后王常村有一个叫朱兰贵的养女，养父母身患重病，卧床不起。兰贵一伺候就是6年，花光了家里所有的钱，还背了一身的债。有人觉得不理解，她说，俺这可是跟贞姐学的。王尧村54岁的农家女蔡金竹，听说了贞姐的事迹后，也赡养了3名孤寡老人，给他们担水、洗衣、做饭，到现在都快3年了。乡亲们说，她是又一个林秀贞。下岗女工肖灿英在县城开宾馆赚了钱，资助了特教学校17名贫困儿童，还买了电脑、影碟机等教学用具。县电视台要报道她，她说什么也不肯。她说，跟秀贞大姐比起来，我差远了。

杨庄村要修水泥路，为了节省资金，村干部就动员村民们出义务工，可有些人表现不积极。村支书杨希彬来到了我

△ 林秀贞2006年10月24日在石家庄人民会堂报告时留念

的办公室向我诉苦。我说，你是党员，秀贞也是党员，咱们党员要都像秀贞那样，你还愁完不成工程！你先带个头，群众肯定会跟着你跑！于是他就带着全家男女老少亲自干，第一天，一家子就拉了30车土。第二天，村里的干部来了。第三天，党员们来了。第四天，村民们也来了。土方工程仅用了六天时间就完成了，节约资金两万八千元。这就是榜样的力量！

林秀贞的先进事迹在中央及省各大媒体报道以后，不知感动了多少人。贞姐有个河南安阳的客户，在他们当地到处宣传贞姐的事迹，当地人都说他在吹牛，说根本就不可能有这样的人。为此，这个客户专门从安阳赶到南臣赞，跟贞姐合了影带回去。石家庄市深泽县一位农村妇女在报上看了林秀贞的事迹后，怎么也不相信，她坐了200多里路的公共汽车，一路打听，来到了南臣赞贞姐的家里，正赶上贞姐给拉了一床的张振起老人收拾尿布。看到这些，她又感动又羞愧，连声说："可真是臊死俺了！林大姐能做到的事，俺连想都不敢想，要不是我亲眼所见，说什么我也不会相信。回去后，俺一定要像林秀贞大姐那样做！"

秀贞精神就像一颗种子，在我们乡开花结果。从2001年以来，我们乡连续5年被市县评为社会治安综合治理先进单位，连续6年被评为信访稳定先进乡镇，5年来，没有出现过一起群众集体上访事件，没有出现过一起刑事案件。

△ 林秀贞的默默奉献经媒体报道后，在全社会产生反响，也因此获得了社会认可。她曾多次受到中央领导的接见。这是2006年9月2日全国妇联主席顾秀莲接见林秀贞

  各级党委和政府给了林秀贞很多的荣誉，她被评为"全国优秀共产党员"、"全国五好文明家庭"、河北省"优秀共产党员"、"感动河北十大人物"。可林秀贞并没有因此而止步，她说，我还是我，一个普通的农村妇女，一个普通的共产党员。

  林秀贞是一本书，昭示着人生的真正意义；林秀贞是一首歌，唱响着传统美德与时代精神的旋律；林秀贞是一面旗，飘扬着人间的至爱和大写的爱心！我们乡三万多干部群众为有这样的好大姐而骄傲，为有这样的党员而自豪！

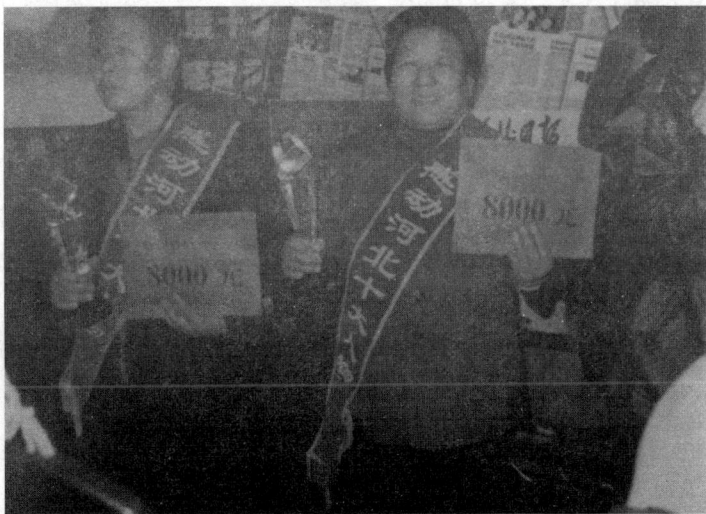

△ 2007年9月在全国道德模范颁奖典礼上

附录二 林秀贞大事记

1946年2月26日（农历正月二十五）林秀贞出生在河北省枣强县南臣赞村姥姥家。因迷信避讳，母亲在村南场院屋里生下她。落生后她哭个不停，家人请来一乡间游医，说她眼睛有病，母亲先后请来几个治眼病的医生，都没有治好，左眼从此失明。

父亲林茂盛，枣强县唐林乡（原吉利乡）林吉利人，1912年3月12日（农历正月二十四）生人，12岁时一人去天津，在一家织地毯的作坊当学徒，于解放后在天津地毯一厂工作。1972年退休。

母亲刘金柱，1922年4月16日（农历三月二十）生人，身材瘦小，半大脚。13岁出嫁，因丈夫不在家，就一直住在娘家。年轻时是妇女抗日救国会会员，上过抗日识字班。她常对孩子们讲："人人管闲事，世上无难事；人人都帮人，世上没穷人。"要懂得"千千治家，万万治邻"的道理。她在教育自己的子女时，有个习惯动作:总是伸直左手的食指、中指、无名指三个手指。说："人生就这三条道，这边的歪道不能走，那边的偏道也不能走，只能走中间这条又正又直的道。一辈子只能做好事，不能做坏事。"母亲的格言，影响了林秀贞的一生。

林秀贞姊妹5人。大哥刘丙全，比她大7岁，给大舅过继（随大舅姓刘），天津地毯三厂退休；二哥林丙印，比她大3岁，本村务农，1964年至1975年任村党支部书记；弟弟林丙菊，原任王常乡科技副乡长，现已退二线，比她小9岁；妹妹林秀兰，比她小14岁，现在枣强县城居住。

南臣赞村地处枣强县北部边界，东接景县广川镇、龙华镇，西傍清凉江，北靠石德铁路，与武邑县清凉店镇相连，地处枣强、武邑、景县三县交界处，由冯村、吴家馆、班庄三个自然村组成，南臣赞村历史悠久。明初，清凉江航运繁盛，此处水流湍急，常有船只在此沉没，即取名沉船村，后谐音雅化为臣赞，现有东、南、西、北四个臣赞。

这个村有着深厚的文化底蕴。这一带是汉代儒学大师董仲舒的故乡，附近散布着当年董仲舒生活、学习、讲学的遗迹。后旧县的董子祠，内供有董仲舒石像。仓房村相传是董家放粮食的仓房；王寿村是董家做寿的地方，朱往驿村是高官们议事的地方，马军寨村是董家放军马的地方，站里村是董家设置的兵站，董学村（在现河北省故城县坊庄乡）是董仲舒讲学的地方，还有东徘徊村、西徘徊村、景县广川的董故庄村等。历史上该村曾出过一名武状元和祖孙两个道台。

这个村有着波澜壮阔的革命斗争史。这一带是革命老区枣北抗日根据地，南臣赞村正西十几公里就是著名长篇小说《平原枪声》里描写的肖家镇，当时这里的抗日武装力量非常活跃。革命战争时期枣强籍烈士中，有 12 人是南臣赞村人。

这个村原为臣赞乡政府所在地，1996 年 1 月合乡并镇时并入王常乡。全村现有 360 户，1460 人，3221 亩耕地。刘、吴两姓为村中大户，林姓只有林秀贞家一户。

土改时，林秀贞家分了房子和地，有了做人的权利。母亲说："什么是正道？跟着共产党就是正道，给社会做贡献就是正道，庄户人家给社会做贡献，得从一点一点的小事做起。"

1947 年，1 岁

母亲积极要求进步，打起行李准备随大军南下。临行时姥姥因照顾不了三个孩子，执意阻拦，母亲只好留下来。

1950 年，4 岁

母亲带林秀贞去村西大洼里看枪毙死刑犯王建国。这是解放后枣强县头一回枪毙人，母亲教育她要走正道不能走歪道。

这年冬天，和母亲一起去天津看望父亲，第一次看见火车。

1951 年，5 岁

母亲在娘家受排挤，但她不怕事，带林秀贞一起走上法庭，最终打赢了官司。母亲教育她，有理也不能做违法的事，不能走偏道。

母亲经常让她给街坊邻居送好吃的，教育她要与邻居和睦相处，还经常给孩子讲抗日英雄故事，激发了他们对英雄的崇敬之情，这时的林秀贞已非常懂事。

1952 年，6 岁

春天的一个傍晚母亲锄地回来时，从村边场院的麦秸垛边领回一个迷路的弱智孩子，给他洗澡，换上干净衣服、做饭吃，照料一夜，第二天放下自家的农活，串了好几个村才帮他回到家。

1953 年，7 岁

在本村上小学一年级。

8 月 25 日（农历七月十六）姥姥去世。

冬天的一个雪夜，一个赶脚的山东人把车坏在了南臣赞村边，母亲求几个乡亲帮他修好车，还送去热乎乎的稀饭和干粮。

1954 年，8 岁

上小学二年级，同学中有人取笑她一只眼，她要跟人家拼命，以后再没人敢欺负她。

1955 年，9 岁

11 月 21 日（农历 1956 年 1 月 3 日）母亲在村边大车棚里生下弟弟。

1956 年闹大水，生活困难。父亲每月寄回 15 块钱，母亲省吃俭用，过日子每月只花 2 块，剩下的 13 块供孩子上学。

8 月（农历七月）去火车站送大哥到天津纺织机械学校上学。

1957 年，11 岁

坐火车去天津看望父亲和大哥，在天津买油条时，一个天津人嫌挨着他站的农民脏，不往前走，还用白眼看人家。林秀贞仗义执言道："你别瞧不起老农民，你吃的果子饼就是农民种的麦子磨的面，你有能耐就别吃。"

回老家时，得到列车员细心照顾，于是立下平生第一个志向：报考铁路学校，当一名乘务员。

从天津带回七个包裹，像蚂蚁搬家似的把七个包袱搬回了家，村里人夸她有出息。

出村到离家 3 里地的北寺小学上四年级。

1958 年，12 岁

大跃进，闹饥荒。林秀贞严重营养不良，身高停止生长。

发现放在自家院里的脸盆丢了，骂街。母亲用"千千治家，万万治邻"的格言教导她，她懂得了处理邻里关系的重要，下决心照母亲说的去做。

学校组织到村东万亩方田劳动，突降大雨，她一人把残疾同学王站稳扶回家。

1959 年，13 岁

在天津的姨妈没粮吃，林秀贞经常一人从附近尹庄、清凉店火车站坐车到天津送去母亲省下的粮食。

1960 年，14 岁

进入三年困难时期，家中缺粮少米，她经常一人坐火车去天津，从父亲、大哥那里往家背高粱面和大米。

8 月背着母亲从家里拿了 5 元钱给同学交学费、生活费。母亲知道后没有批评她，还夸她帮同学渡过难关。

8月考入县办北寺中学初中，是当时南臣赞村唯一考上初中的女学生。

1961 年，15 岁

全家生活更加困难，她常去挖野菜、捋草种籽。

1962 年，16 岁

学习成绩很优秀，性格很活泼，担任班里学习委员和文艺委员。

每天放学路上捎带砍草，回到家就替母亲干活，能自己推碾子碾粮食。

1963 年，17 岁

7月初中毕业，报考衡水铁道学校，超出录取线 39.6 分，但因左眼失明没能继续上学，对她的打击很大，在母亲的劝导下，她决心不向命运屈服，奋斗到底。

下半年在本村务农挣工分，她不怕受累，抢着干重活；她心灵手巧，针线活在全村数得着。

1964 年，18 岁

2月父亲带她到天津安了义眼，手术很成功，外表看就跟常人一样。

3月村里安排她到小学代课，母亲教导她说："教书先生为人师表，要穿得干净，不能着急，有什么事得给小孩们讲道理，不能打，不能骂，得有先生样。"

林秀贞牢记母亲教诲，尽管待遇微薄，但她对孩子们很有耐心，整天带着针线包，给学生缝补书包、衣服，做鞋子。一男孩患败血症经常流鼻血，发病时林秀贞就背他去臣赞医院，弄得她身上全是血迹。

1969 年，23 岁

7月离开教师岗位，被选拔到臣赞公社办公室当资料员。

11月怀着无比激动的心情，向组织递交了入党申请书。

1970 年，24 岁

1月经臣赞公社革委会推荐，任城关镇斗批改工作队副队长，分包城关镇工商所、财税所、医院、供销社等社直单位毛泽东思想宣传工作，由于工作勤奋，多次得到领导好评。

与驻地农民群众感情很深，经常帮人家干农活，谁家有了难事，她就主动帮一把。

1971 年，25 岁

2月调到马屯公社工作队任副队长，住该村马步成家 4 个月。经常帮助房东大娘做针线活、照料五个孩子，后来这家老太太认她为干女儿，此后几十年间，林秀贞外出办事，经常顺便前去看望，给老人买些食品、日用品，放些零花钱，至今两家一直按亲戚走。

6月底工作队解散。在工作队期间有四次转正机会，每次都因左目失明被刷下来。面对挫折，她仍然以积极乐观的态度对待人生。

7月3日臣赞公社安排她到副业管理站当临时工，十里八村的乡亲都知道她工作积极，脾气好，是个女能人。

9月被抽调到霍庄村工作队，住该村霍丙华家，热心帮助房东做家务、干农活，这家老人认她为干女儿，多年来两家一直按亲戚走。

10月25日由党员裴会生、霍丙居（工作队同事）介绍，经臣赞公社党委批准，林秀贞成为一名共产党员。

在臣赞公社会议室面对党旗庄严宣誓。牢记入党誓言，把《党章》作为自己最根本的行为准则。党中央每修改一次《党章》，林秀贞的第一件事就是把新《党章》背过。

11月王素恩（村民刘红顺的家属）上门提亲，把本村男青年朱金英介绍给林秀贞。

朱金英，1949年4月出生，和林秀贞同时入党，1971年8月至1974年4月在枣强县油棉厂当合同工，1974年5月到1985年底到臣赞公社综合厂上班，1986年回村务农，1987年至今在南臣赞村和林秀贞一起办企业。朱金英一表人才，脾气温和，待人宽厚，勤俭肯干，林秀贞对他印象不错。结婚多年来，他和林秀贞志同道合，相互体贴，全力支持并同林秀贞一起赡养孤寡老人、帮贫济困，乡亲们都夸他是无名英雄。

朱金英的父亲朱立栋，1940年加入中国共产党，在抗日战争中做过掩护地下党、传递情报等许多革命工作，解放后曾担任本村第二任支书，直到1965年去世，终年59岁；母亲史秀萍，一生勤俭，她把织花粗布的好手艺无偿传给了街坊邻居，1974年1月30去世，终年68岁。林秀贞、朱金英的母亲是织布好友，脾气相投，两家的老老少少关系都很好。

1972年，26岁

5月与朱金英订婚，朱家卖掉一头猪递彩礼，她坚持不要彩礼，还冲朱金英闹了一顿脾气。

9月抽调到郭吕木村"秋收种麦"工作队两个月，住在老党员王兰芬家，她和老人很谈得来，常帮老人做家务、干农活，老太太也认她为干女儿，后来两家一直按亲戚走。

11月11日（农历十月初六）和朱金英举行了简朴而隆重的婚礼，从此，两个志同道合的年轻人共同撑起了这个家。尽管他们住的房子墙壁掉泥皮，屋顶有窟窿，但是生活里充满了爱的阳光。

很疼婆婆，她省下细粮给老人吃，省下钱来给老人买这买那，不让老人干一点重活。逢年过节给婆婆买回好多东西，老人感动得坐在炕头上泪流满面，直到去世总觉得欠儿媳一份情意。

1973 年，27 岁

日子很艰难，但很充实。她整天忙着推碾子推磨、锄地耧苗、砍草挖菜、喂猪养鸡。面对生活，她充满自信，浑身是劲。

夫妻俩有很多共同语言，经常在一块谈对共产主义的理解，谈村子里的新变化，谈自家今后的日子。

1974 年，28 岁

5 月 27 日儿子朱新宇出生。

朱新宇，小名宝红。1993 年高中毕业考入石家庄铁道学院，毕业后在河北省第四建筑工程公司工作至 2005 年 6 月，后调入河北省建设厅住宅产业化促进中心工作至今。朱新宇从小跟着妈妈赡养孤寡老人，特别懂事，直到现在，每次回家总是给老人买些水果和营养品，抢着干家务活。

9 月开始接济村里的孤寡老人和困难户，经常顾不上管家，父母十分支持她，让她和儿子住回娘家，替她做家务、照料孩子。此后的 30 年里，家庭成了她义务赡养孤寡老人、扶危济困的大后方。

1976 年，30 岁

唐山大地震后，南臣赞村持续百日大旱，地里收成不好，口粮短缺，没有柴烧；吃水困难，人们天天起五更到井上去抢水。

五保户朱书贵和刘秀焕老两口一个 78 岁、一个 76 岁，年老体弱、生活困难，没水吃就抬着瓦罐到村外土井里淘水，没柴烧就到沟旁河沿零星捡一点。

朱书贵，1898 年出生，和林秀贞家住一个胡同。抗战时由林秀贞的公公介绍入党。闹鬼子时，常冒着生命危险挨家敲门组织群众撤退，成社以后当生产队长、保管几十年，老两口又特别仁义，村里没有一个说不好的。

初冬的一天中午，林秀贞给朱书贵家送去两碗饺子，看到两位老人正在吃剩饭。掀开锅，见锅底的剩饭周遭结着冰碴儿，她心里很难过，回去后跟家人说打算把他们养起来，丈夫和父母都很支持。

第二天找到生产队长，正式向队上提出自己的想法，朱书贵、刘秀焕成为她义务赡养的第一对孤寡老人，从此，她坚持三十年守诺如金，先后义务赡养了六位孤寡老人。

借钱给朱书贵家买了600斤煤，老两口第一次过上了有火炉的冬天。

1977 年，31 岁

朱书贵家的三间坯房墙皮脱落，房山塌了一截，房顶几处露天。给他修房，林秀贞没有钱、缺劳力，就和丈夫拾砖头、捡酒瓶，自己动手推土和泥把房修好。

此后八年间，每年雨季到来前都提早把老人的房子维修一遍。1984年两位老人去世后，房子一直闲置，房山墙上为防暴雨冲刷并排插进去的几十个酒瓶至今还在，老屋见证着那段难忘的岁月。

3 月 26 日女儿朱宝琴出生。

朱宝琴 1997 年 7 月毕业于冀县师范，现在枣强县城关镇小学校区工作。受姥姥和母亲熏陶，很小就和哥哥一起学着给老人洗衣服、洗脚、剪指甲，给老人唱歌，哄他们高兴。

1978 年，32 岁

和丈夫起早贪黑在村边种下几百棵杨柳树，当年被评为全村"绿化模范户"。二十年后的今天，这些树已长成一搂粗。

1980 年，34 岁

在她的精心照料下，朱书贵老两口生活安定，衣食无忧。刘秀焕把藏在窗台砖下、准备动弹不了时自寻短见的两瓶安眠药交了出来。林秀贞把安眠药扔进灶膛，与老人抱头痛哭。

1981 年，35 岁

南臣赞村开始实行大包干，土地、牲口等集体财物都分到了各户。当人们牵着牲口、扛着从牲口棚拆下的木料往家走时，50 岁的五保户、呆傻老人朱书常蹲在牲口棚的房岔子里掉泪，36 岁的光棍朱金林躲在墙角下闷头抽烟，两个人生活没了着落。林秀贞又开始赡养这"一傻一病"。至此，林秀贞同时义务赡养着四位老弱病残。

朱书常自幼呆傻，28 岁时残疾父母相继去世，成为村里最年轻的五保户。他只有 3 岁的记忆，又黑又瘦，弱不禁风，没有劳动能力。他只认自己的老房子，不肯搬到林秀贞家，就一天三顿在秀贞家吃，晚上回家睡。林秀贞家第一碗饭端给他吃，第一口酒倒给他喝，他在村里辈分高，林秀贞一家都喊他"常爷爷"，还不许别人欺负他。林秀贞义务赡养朱书常已有 26 个年头，现在，76 岁的朱书常身子骨很壮实。尽管傻，但他和林秀贞感情很深，林秀贞患美尼尔氏综合征躺了十天，朱书常天天坐在门口守着她。

朱金林身材矮小，智力有些障碍，自小身体虚弱，身患肺气肿、高血压等8种疾病。分队后搬到林秀贞家，直到去世共住了14个年头。他原先给队上喂牲口，对牲口有特殊感情，林秀贞夫妇就特意去集上买了两头骡子，让他喂牲口、赶大车。为了给他治病，林秀贞四处寻医问药，出钱给他输液住院。

母亲让父亲搬到她家，帮助料理家务照顾孩子，为她腾出空儿来干农活、伺候孤寡老人。父亲在她家住了8年，直到1988年11月23日去世。

1982年，36岁

带领全家科学种田，和父母、哥哥、弟弟家合伙耕种的18亩"金丰1号"小麦产量达到万斤，单产、总产都是本村第一。

1983年，37岁

11月19日朱书贵不小心摔了一跤，从此卧床不起，老伴刘秀焕心里着急，也病倒在炕上。林秀贞和丈夫把铺盖卷抱过去，陪着他们度过了74个难忘的日日夜夜。

在两个老人最后的日子里，他们每天晚上都和衣而卧，没有睡过一个囫囵觉。朱书贵大小便失禁，秀贞的母亲帮着做了几十个褥子，她就一个劲给老人换洗晾晒。夫妻俩天不亮就去井边淘水回来洗褥子，阴天晒不干就炒沙土焙干。十冬腊月天天用凉水洗褥子，她双手皲裂，全是血口子。

12月18日朱书贵以86岁高寿去世，林秀贞按照当地风俗发丧，由丈夫充当孝子打幡摔瓦，自己和孩子们戴孝送殡。

1984年，38岁

1月30日刘秀焕以84岁高寿去世，林秀贞照样按村里风俗为她料理了后事。

2月1日晚等忙完丧事、收拾停当，天就亮了。大年三十，村里家家户户都在欢度新年，林秀贞全家还沉浸在悲痛之中，过年的东西一点没有准备。

为朱书贵和刘秀焕办理丧事共欠了370元的外债，相当于林秀贞当时上班三年的工资。这笔账她和丈夫用了两年时间才还清。

朱金林驾骡子车不慎摔伤，腿部粉碎性骨折，送到衡水地区医院住院，为他拿医疗费。

朱金林驾骡子车给邻村接媳妇，酒喝多了，在车上打盹摔下来，又送到衡水地区医院住院 90 天，她用家里三亩棉花地的收成，治好了朱金林的病。

丈夫朱金英在医院照顾朱金林，林秀贞头一次使唤牲口去耕地，骡子突然受惊，把她拖出几十米，双腿鲜血淋漓。

1987 年，41 岁

3 月适应商品经济大潮，在朋友帮助下靠 300 元起家，和丈夫办起一个小型玻璃钢厂。

6 月汛期来临，南臣赞村小学两间教室屋顶几处露天，村里没有钱修缮，她主动拿出 2000 块钱请人修好。

7 月林秀贞的小厂子取名为"河北枣强县臣赞第一玻璃钢厂"。

乡亲们的锄头、犁坏了都用她家里的电气焊来修，她不但不要钱，还要搭上焊条、角铁等。

为办好厂子、更好地照顾老人，决定辞掉公家的差事。领导真心挽留，她就一边忙家里的事情，一边为乡里义务服务，直到 1998 年。

1988 年，42 岁

出资 3000 块钱，为南臣赞村小学购置新课桌。

1991 年，45 岁

4 月 5 日在全村第一批安上私人电话。十里八乡的电话少，她就让大家免费使用。收到打给外村的电话，就赶紧骑自行车、摩托车、开拖拉机去送信。向外联络如果对方没电话，她就提前到附近的流常邮局预交电报费，替人委托邮局拍电报，这样做一直坚持了近十年。

初夏同村刘焕素的丈夫突发重病，林秀贞赶紧替她往北京发电报通知儿子，并和丈夫开车把病人送到衡水地区医院，为治疗争取了宝贵时间，几天后病人转危为安。

8 月 15 日自家企业规模有所扩大，更名为"枣强县宏达防腐工程公司"。

为扩建玻璃钢厂，在枣强县城边上买了三亩半厂房用地，准备搬迁。后因义务赡养的几位老人离不开她，那块地基一直闲置，2003 年不得不退掉，还赔给那个村 1.7 万元的损失。

与山西长治韩进忠签订了 6 万元铝合金梯加工合同，合同讲好货到验收后马上付款。可等发货一个月后，林秀贞再去要账时，对方已将货款顶了旧账，还说自己日子难过，当天孩子过生日都吃不上饺子。林秀贞心疼孩子，又给了他50块钱。账没要成，回到旅馆气得患了心脏病，在长治住院22天。后来才知那人是个骗子，孩子是他骗人的幌子。

1992年，46岁

夏季一天雨后，骑摩托车去县城办三件事：为朱金林买药、到银行办事、顺便看望上高中的儿子。半路上心脏病突发，幸遇好心人帮她服药，抬她到路边的窑厂歇了5个多小时。病情刚见好转，又匆匆赶到县城买药，其他两件事都没办。

1993年，47岁

7月儿子朱新宇考上石家庄铁道学院。

同时为邻村贫困学生王勇（化名）凑齐5500元钱，帮他顺利跨入大学校门。

王勇和林秀贞的儿子是同学，父亲病逝后，母亲带着五个儿女艰难度日，还要赡养久病卧床的老人，林秀贞平时就经常接济他。这次看到王勇和母亲为5000元的高昂学费愁得吃不下睡不着，就自己拎着兜子东挪西借，凑上5500块钱送到他家。并鼓励王勇珍惜机会好好学习。

收到王勇的来信，除了感激和祝福，还恳求她不要透露自己受资助的事。从此，为不给受助孩子造成心理负担，她都是背着孩子把钱交给家长。任何人来采访，她绝口不提这些孩子是谁。孩子们至今也不清楚是谁帮忙凑上的学费。

1994年，48岁

7月开始资助邻村一个贫困家庭。

这家4年内3个孩子相继考上了大中专学校，孩子的父亲常年有病，母亲患有高血压、心脏病，地里收成不行，一家人连饭也吃不饱。从老大考上大学起，林秀贞就热心资助这个家庭，给老大、老二各拿出3000元。老三考上大学时，老大已参加工作，她就少拿了一点。后来三个孩子的母亲去世，她又拿出300块钱帮助料理丧事。

1996年，50岁

6月17日乡秘书兼宣传干事杨光找到林秀贞，要采访报道她义务赡养孤寡老人的事迹，她坚决不同意，说这都是应该做的，没有什么可宣传的。

8月丈夫同学的儿子考上大学，需交6600块钱的学费，自家想尽办法还差3600块，就骑车从100多里外上门求助。林秀贞当时手头紧，但她没有犹豫，通过各种关系为他凑齐了这笔钱。

把患脑血栓、全身瘫痪的朱淑芬老人接到自己家精心伺候。

朱淑芬是建国前入党的老党员，针线活好，爱干净，但比较挑剔。膝下无儿无女，自从 1988 年老伴病逝后，一个人生活很困难。

由于她精心照料，及时治疗，朱淑芬竟神奇地站了起来。康复之后，老人坚持回自己家住，她就每天三顿给送饭，一直送了四年。

义务赡养北臣赞村 81 岁的孤寡老人张振起。

张振起患有小脑萎缩，不慎掉进野外大坑里摔成了瘫子，林秀贞帮助找到老人，并用车把他拉回家精心照料。为了治好老人的病，林秀贞请在石家庄当医生的侄子刘宝根遥控指挥、对症用药。经过 46 天的精心护理，老人奇迹般恢复。

在自家房前的空地上给朱书常盖了三间房，他不肯住，临时决定给他翻盖旧房。朱书常见拆他房子就翻了脸，用砖头去投林秀贞，差点砸在脑门上，她的心脏病复发。后来只好在他的旧房架子上进行修补。房修好了，又给他盘火炕、暖屋子，大年三十朱书常高兴地搬了进去。

1997 年，51 岁

和在天津干橡胶生意多年的表弟刘章群合伙创办橡胶厂。两人说干就干，从办下营业执照到开工生产仅用了三天。

3 月把景县王谦寺乡前油房村丁金才招到自己厂里上班。

丁金才去后没 3 个月就得了脑血栓。林秀贞夫妇带着 1 万块钱到医院看望。出院后，她常去看望，过年时还给他发了全勤工资。

8 月出资 3000 元为村里修建水簸箕。

1998 年，52 岁

1 月收养一外地弃婴，取名朱宝逢。

朱宝逢 1997 年 10 月 22 日出生，患先天性心脏病。林秀贞在合肥火车站等车，一年轻妇女借故让她帮忙抱孩子而遗弃给她，随身物品中写着孩子的生日。她把孩子抱回家，当亲儿子对待，和丈夫跑遍北京大医院为他治好了病，又用上级奖给自己的农转非指标为他上了城镇户口。

6 月 21 日杨光再三找林秀贞，讲明宣传她的事迹是为了让更多的人来关心孤寡老人、帮助弱势群体。她终于同意接受采访，至此，这个压了 22 年的新闻才得以公之于众。

8 月河北省委主办的《共产党员》杂志刊登通讯《助人为乐好夫妻》，林秀贞事迹首次被省级以上媒体宣传报道。

和丈夫到宁夏联系业务，临走时给朱淑芬请了小保姆。可刚到那里，家人就打电话说朱淑芬重病复发，还把保姆撵跑了。二人马上放弃即将到手的 20 万元生意赶回家，带她到衡水看病。一个多月后，朱淑芬脱离危险，这次林秀贞共花掉 4800 多元医药费。

朱淑芬再次病倒，林秀贞又把她接回来住。她烧旺炉火给老人取暖，老人拉尿及时给打扫，裤子湿了就赶紧换好，有时院子里晾着十几条裤子。

1999 年，53 岁

2 月被衡水市乡镇企业局评为"优秀经营管理者"。

3 月 28 日《衡水日报》刊登《爱心组成特殊家庭》，介绍她的事迹。

10 月的一天下午，去王常乡全站里和丈夫去给宝逢看病，在医院门口见一贵州籍青年喝了农药，生命垂危。她连忙让丈夫用自家的面包车帮助转院到枣强医院。由于抢救及时，病人很快脱离了生命危险。

10 月 24 日《衡水日报》刊登《人间自有真情在》。

11 月《乡音》杂志刊登《林秀贞：情系孤寡残疾人》介绍她的事迹。

2000 年，54 岁

1 月 20 日（农历腊月初六）母亲病逝。临近中午，母亲生命垂危。林秀贞这边惦着自己的亲娘，那边惦着躺在炕上等人伺候的朱淑芬。母亲看出她的心思，示意她回家给朱淑芬做饭。等她以最快的速度回来时，母亲已经离开人世。没能和老人家见最后一面，成了她一生最大的遗憾。

2 月朱淑芬老人病逝。

3 月获得衡水市第二届"巾帼英雄"提名奖、衡水市三八红旗手标兵。

7 月被衡水市委命名为"优秀共产党员"，光荣地出席市委"七一"表彰大会。

2001 年，55 岁

7 月被河北省委、衡水市委命名为"优秀共产党员"。

10 月被衡水市文明委评为衡水市"十星级文明家庭标兵户"。

出资 1.5 万元为村里修水泥路。

12 月 10 日《河北日报》刊登《用真情温暖心灵》介绍她的事迹。

12 月 20 日《燕赵都市报》刊登《今生我们是亲人》介绍她的事迹。

12 月 20 日《河北商报》刊登《真爱在他们那里没有界限》介绍她的事迹。

2002 年，56 岁

让本村残疾人吴如水到自家的企业上班。

让本村残疾人裴凤仙到自己的企业上班。

4月河北省委组织部主办的《党员干部人才》杂志刊登《实践宗旨，奉献爱心》介绍她的事迹。

8月27日《石家庄生活早报》刊登《爱就是生活，爱就是责任》介绍她的事迹。

9月张振起老人去世。

2003 年，57 岁

让聋哑女裴站贞到自己的企业上班。提起林秀贞，她一个劲点头，高高地伸出大拇指。

3月8日《河北科技报》刊登《活到老，学到老》宣传她的好学精神。

4月让景县广川镇残疾人郑丙臣到自己的企业上班。

4月30日让景县仇毛庄村残疾人仇长胜到自家企业上班。

2004 年，58 岁

2月自家企业被河北省妇联确定为农村妇女"双学双比"竞赛活动示范基地。

7月被衡水市委命名为"优秀共产党员"。

2005 年，59 岁

全市保持共产党员先进性教育活动之初，衡水市委组织部常务副部长、教育活动办公室主任刘家科同志为林秀贞题词："知也无涯行也无涯，人生漫漫诚绣幸福之路；思亦有则为亦有则，爱意绵绵正自母训党章。"现悬挂于林秀贞的办公室。

2月23日《衡水日报》刊登《朴素的心声，感人的事迹》介绍她的事迹。

3月30日在省会河北会堂为省六届七次全会与会同志和省直单位2000多名党员领导干部作报告。15分钟的报告全场先后爆发了16次掌声。报告会后，省委书记白克明同志、省长季允石同志、省委副书记刘德旺同志与她亲切握手并合影留念。

4月1日衡水市委做出《关于开展向林秀贞同志学习活动的决定》。

4月3日—4月23日刘家科同志先后七次到南臣赞村对林秀贞采访，以采访手记的形式，全面深入地介绍林秀贞的先进事迹，并以《普通党员》为题公开发表。

7月中国作家协会主办的《中国作家》2005年第7期刊首位置发表《普通党员》一文，在全国引起强烈反响。《衡水日报》7月1日《晨刊》全文转发，各媒体纷纷转载。《人民日报》、《光明日报》、《文艺报》等十几家报纸发表评论或消息。

《普通党员》现收入刘家科散文集《乡村记忆》，人民日报社主编的报告文学集《永远的红树林》，获得2006年中国世纪大采风报告文学类特等奖，作者刘家科在人民大会堂的颁奖大会上发言。林秀贞荣获本届"十佳"英才人物称号。

10月出资12000元为村里打井，供乡亲们修房盖屋用。

11月当选由河北日报社主办的卓达杯"2005感动河北十大年度人物"。

2006年，60岁

3月被全国妇联评为全国三八红旗手。

6月16日《人民日报》对林秀贞等全国优秀共产党员候选人进行公示。

6月18日中央电视台《东方时空》"东方之子"栏目对她的先进事迹进行详细报道。

6月28日赴北京参加庆祝中国共产党成立85周年暨总结保持共产党员先进性教育活动大会，在中南海怀仁堂受到胡锦涛总书记等9位中央领导同志亲切接见并合影留念。

7月先后被中组部、河北省委、衡水市委命名为"优秀共产党员"，被河北省委作为"全国重大典型"推荐上报中宣部。

7月18日当选中国共产党衡水市第二次代表大会党代表。

8月18日中央新闻单位采访团一行到达南臣赞村，对林秀贞事迹进行深入采访。中宣部新闻局副局长、中央新闻单位林秀贞事迹采访团团长刘汉俊同志率团首先到家中看望林秀贞。

8月28日中央电视台《新闻联播》节目播出消息《首都各主要媒体纷纷报道林秀贞先进事迹》。

8月28日中央电视台综合频道《焦点访谈》、中央电视台新闻频道《新闻会客厅》、中央电视台新闻频道《新闻联播》等分别播出林秀贞的节目。

8月29日、8月30日新华社发出通稿《大爱无声》(上、下)，详细报道了她的事迹。

8月29日、8月30日《人民日报》"时代先锋"栏目刊登通讯《一诺三十年》、《助人为乐，仁爱无价》，系列报道她的事迹，并配发短评《大善如常》。

　　8月29日《光明日报》刊登通讯《"党员闺女"》，报道了林秀贞与6位孤寡老人的故事，并刊发评论员文章《看看人家秀贞！》。

　　8月29日、8月30日《经济日报》"时代先锋"栏目刊登通讯《大爱无声》（上、下），继续报道她的事迹，并刊登评论员文章《把奉献作为自觉追求》。

　　8月29日《法制日报》刊登通讯《散落在乡间的天使——记河北衡水枣强县南臣赞村共产党员林秀贞》。

　　8月29日《工人日报》"时代先锋"栏目刊登通讯《"党员闺女进家门"》介绍她的事迹。

　　8月29日《科技日报》"时代先锋"刊登通讯《母亲的三个手指头》介绍她的事迹。。

　　8月29日《中国社会报》刊登《十里八乡那个响当当的人》介绍她的事迹。

　　8月29日《京华日报》刊登通讯《一个普通村民的爱意人生》介绍她的事迹。

　　8月29日《北京青年报》刊登《"贞姐"赡养孤寡老人30年》介绍她的事迹。

　　8月29日《新京报》刊登《60岁农妇赡养孤寡老人28年》介绍她的事迹。

　　8月29日《北京晚报》刊登《好人林秀贞爱意满家乡》、《天底下真有这样的好人》介绍她的事迹。

　　8月30日《河北日报》"燕赵论坛"栏目刊发署名文章《另一种标杆——再说林秀贞》。

　　8月31日《人民日报》刊发消息《大爱无声胜有声——林秀贞事迹引起强烈反响》。

　　8月31日《经济日报》"综合新闻"栏目刊登评论《身边的平凡典型，社会的精神动力》。

　　8月31日《南方周末》"人物"栏目刊登《一个乡村老太的"编年史"——林秀贞的故事》。

　　8月31日《河北日报》"中国新闻"转发《大爱无声》、《大善无形》。

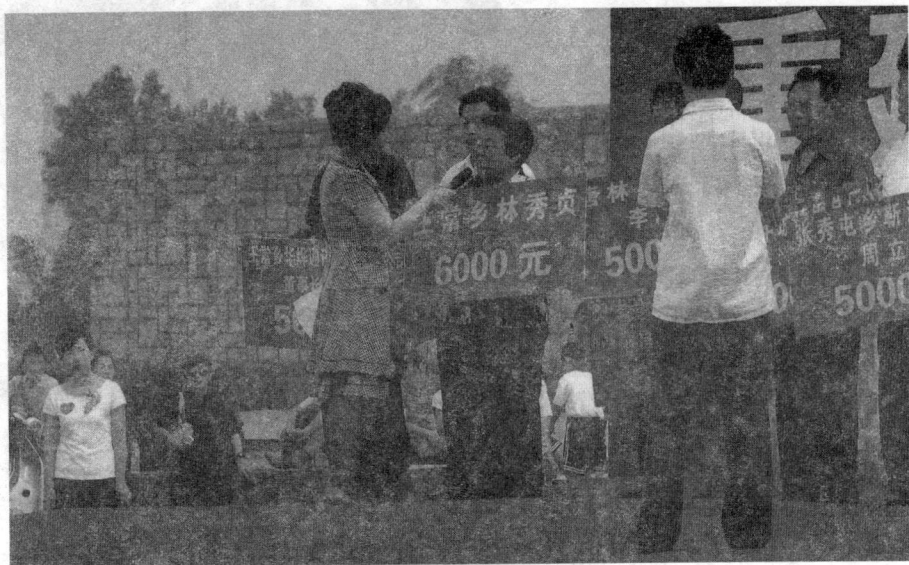
△ 林秀贞为汶川灾区捐款

9月1日《河北日报》"燕赵论坛"栏目刊发署名文章《先进性的生动注解——三说林秀贞》。

9月1日河北省委作出决定，在全省深入开展向林秀贞同志学习的活动。

9月2日中央电视台新闻频道《新闻联播》播出消息《林秀贞事迹感动大学生》。

9月3日中央电视台《面对面》播出访谈《爱的奉献》介绍她的事迹。

9月3日中央电视台《实话实说》播出访谈《乡情林秀贞》。

9月7日河北省委召开全省学习林秀贞同志座谈会，省委常委、宣传部长赵勇同志作重要讲话。

9月13日—15日光荣出席中国共产党衡水市第二次代表大会，并被推选为主席团成员；会议期间正式当选出席中国共产党河北省第七次代表大会党代表。

11月8日—13日光荣出席中国共产党河北省第七次代表大会。

2007年，61岁

2月27日赴京领"十大女杰"提名奖。

4月25日在衡水迎宾馆举行《大爱无疆》创作座谈会。

5月12日赴北京清华大学作报告。

8月28日电视剧《贞姐》开机仪式在南臣赞举行。

9月14日赴北京参加全国道德模范颁奖大会，得到胡锦涛等中央领导接见。

2008年，62岁

1月24日、2月6日赴京参加《2008年春节联欢晚会》彩排、直播。

5月14日、16日、19日、22日分别为四川汶川地震捐款。

10月26日—31日在北京参加"中国妇女第十次妇代会"。

2009年，63岁

3月31日中央电视台播出曲苑杂坛《说说林秀贞》。

5月10日在北京301医院做声带息肉手术。

9月11日河北电视台《新闻联播》：林秀贞当选共和国"双百人物"。

10月1日参加建国60周年文艺晚会。

2010年，64岁

6月29日从北京回家在任丘南河间北遭遇打劫，河间交警帮助脱险。

8月2日在上海参加中央文明办组织的参观世博会活动。

11月10日南臣赞支书、村主任送来锦旗，感谢林秀贞为村民饮水捐款5万元。

2011年，65岁

5月10日朱书常去世，享年81岁，秀贞赡养了31年的老人。

10月20日在山东运河监狱做犯人帮教工作。

△ 火炬手林秀贞

后 记

我们应该向林秀贞学习什么

从 2005 年初开始采访林秀贞，至今已经 7 年了。其间不断有人向我提问：我们应该向林秀贞学习什么？每次向别人交流这个问题，我都有说不完的话，因为我觉得我们应该向林秀贞学习的东西太多了。沉淀了多年，现在仔细想一想，其实这个问题比较简单，只要抓住要害，便会豁然开朗。

我想在林秀贞身上，最重要的一点，就是"为别人活着活出了自己的滋味"。纵观林秀贞的人生历程，我们完全有理由把她的人生概括为"为别人活着"。这是她最基本的生存状态。那么，为别人活着，有什么意思？在一般人看来是难以想象的，但林秀贞却在为别人活着的过程中活出了自己的滋味，这是她与一般人不同的根本所在。为收养孤寡老人她找到了一种社会责任感；为伺候孤寡老人她为自己的聪明才智找到了用武之地；为了残疾人和弱势人群的前途和幸福，她找到了自己努力的目标；在为别人提供帮助后她得到了自我宽慰甚至自我欣赏……从林秀贞身上，我懂得了像雷锋那样的一生助人为乐的人为什么能有那么强大的精神动力。

林秀贞身上还有最重要的一点：做善事拒绝名利。她收养孤寡老人之后，不断有记者前去采访，但每次都被她婉言谢绝。她抱定一个想法，自己只管做，绝对不让宣传。如果到处都在表扬她，她会觉得自己做的这一切目的就不纯了。这样一直坚持了22年。直到22年以后，有个想采访她的人专程来做她的工作，向她讲了这样一个道理：像你赡养的孤寡老人，全县有多少？全省有多少？全国有多少？凭你一个人能赡养多少？如果把你的事迹宣传出去，会有更多的人向你学习，就会有更多的孤寡老人得到赡养。这样说起来，你不让宣传是错误的。林秀贞被这样的道理说服了，从那以后，才陆续有人采访报道她。我采访她的时候，她向我约定："有一说一有二说二，不能添枝加叶；是东说东是西说西，不能随便拔高。"我是严格按照这个约定办的。如此说来，林秀贞即使同意宣传报道她的事迹，但仍然坚持目的的纯洁性。现在我想，如果有更多的人像林秀贞那样，做善事而拒绝名利（当今做善事为了名利，做善事不拒名利的太多了），我们的社会公德将会得到更大程度的净化。

林秀贞身上另外一点值得尊敬的，就是看准一条道，坚持走一辈子。从她收养第一个孤寡老人，至今已经有36年，她从一个30岁的少妇已经变成一位66岁的老人。她能做到36年如一日，这种持之以恒的精神殊为可贵。毛泽东主席说过，一个人做点好事并不难，难的是一辈子做好事，不做坏事。林秀贞就是一个一辈子做好事的人。我在少年时代就熟知毛泽东主席这句话，一直记在心里，但只有到了我采写林秀贞以后，才对这句话有了确切而刻入心灵的理解。

林秀贞老了，但她仍在做，我们应该用真诚的行动向她学习。她，是我们永远的榜样。

100位

新中国成立以来感动中国人物

丁晓兵　马万水　马永顺　马恒昌　马海德　中国女排五连冠群体

孔祥瑞　孔繁森　文花枝　方永刚　方红霄　毛岸英

王　杰　王　选　王　瑛　王乐义　王有德　王启民

王进喜　王顺友　邓平寿　邓建军　邓稼先　丛　飞

包起帆　史光柱　史来贺　叶　欣　甘远志　申纪兰

白芳礼　任长霞　刘文学　刘英俊　华罗庚　向秀丽

廷·巴特尔　许振超　达吾提·阿西木　邢燕子　吴大观

吴仁宝　吴天祥　吴金印　吴登云　宋鱼水　张　华

张云泉　张秉贵　张海迪　时传祥　李四光　李春燕

李桂林和陆建芬夫妇　李素芝　李梦桃　李登海　杨利伟

杨怀远　杨根思　苏　宁　谷文昌　邰丽华　邱少云

邱光华　邱娥国　陈景润　麦贤得　孟　泰　孟二冬

林　浩　林巧稚　林秀贞　欧阳海　罗映珍　罗健夫

罗盛教　草原英雄小姐妹　赵梦桃　钟南山　唐山十三农民

容国团　徐　虎　秦文贵　袁隆平　钱学森　常香玉

黄继光　彭加木　焦裕禄　蒋筑英　谢延信　韩素云

窦铁成　赖　宁　雷　锋　谭　彦　谭千秋　谭竹青

樊锦诗

图书在版编目（CIP）数据

林秀贞 / 刘家科著. -- 长春 ：吉林文史出版社，
2012.9（2024.5重印）
（100位新中国成立以来感动中国人物）
ISBN 978-7-5472-1197-7

Ⅰ. ①林… Ⅱ. ①刘… Ⅲ. ①林秀贞—生平事迹—青
年读物②林秀贞—生平事迹—少年读物 Ⅳ.①K828.1-49

中国版本图书馆CIP数据核字(2012)第218240号

林秀贞

LINXIUZHEN

著/ 刘家科

选题策划/ 王尔立　责任编辑/ 王尔立 李洁华 任玉茗

装帧设计/ 韩璐

出版发行/ 吉林文史出版社

地址/ 长春市福祉大路5788号　邮编/ 130118

电话/ 0431-81629363　传真/ 0431-86037589

印刷/ 天津海德伟业印务有限公司

版次/ 2012年10月第1版 2024年5月第6次印刷

开本/ 640mm×920mm　1/16

印张/ 9 字数/ 100千

书号/ ISBN 978-7-5472-1197-7

定价/ 29.80元